死亡之哲學反思

悟死共生

U0103475

／ 張燦輝 著

／ 中華書局

前言

生活中的「死亡」

　　我們可以試問自己：會否入住第十四座十四樓十四室的單位呢？是否很快回應說：不？還是會猶豫着，考慮考慮呢？我們是否很忌諱「四」這個字？為甚麼呢？試問第十四座十四樓十四室有何不妥呢？在香港，為甚麼某些屋苑樓宇，尤其是現代酒店，沒有四樓、十四樓、二十四樓呢？又為甚麼很少看到車牌號碼出現「四」這數字呢？你喜歡「一四一四」這號碼嗎？我們忌諱「四」，是一種偏見或是迷信？難道「四」即「死」？我們不說空屋而要稱呼為吉屋，因為空與凶同音，不吉利。讀音的相同也產生問題嗎？我們又會否把象徵「死亡」的飾物掛在身邊呢？會否收送這種禮物呢？作收藏呢？若然我們本身不以為然，那我們的家人會否認為不吉利的呢？

　　從另一方面說，大家有否經歷親人或友人的死亡呢？我對他

人的死亡也曾有數次深刻的體驗：

> 當年我有一位年輕有為的好朋友，他進食後便作嘔，
> 於是給我另一位當醫生的朋友看症。結果是：那身體不舒
> 適的友人原來已患上末期肝癌了，並在一星期後死去。他
> 為甚麼如此年輕便去世？另外，回說自己的過去，我本來
> 並非修讀哲學的，我是在香港大學讀建築學的。因為我爸
> 爸的意外死亡（給一輛小巴撞倒了），令我打消了延讀建
> 築學的念頭，轉移向哲學的領域發展。又在我爸爸去世的
> 前一年，當某日下午我等待巴士時，一輛雙層巴士在我跟
> 前準備靠站停車，（無聲無息地）撞倒了在我前面的一位
> 女工人。刹那間，那女工人在車輪底下躺臥着，鮮血從黑
> 漆地上湧現出來。她的眼睛凝視着我，好像不甘心地問為
> 甚麼意外會發生在她身上。那景象我從沒忘卻；那次意外
> 總讓我自問道：何以如此？有否事發的因由呢？意外是否
> 真的巧合、偶然呢？生命是如此脆弱嗎？死亡就是如此沒
> 有理由便出現嗎？

死亡，是否荒謬？

在生活中我們可以經歷他人的死亡，但透過他人的死亡我們
可以認識「死亡」本身嗎？面對瀕死的親人或友人，我們有着

怎樣的感覺呢？若有感覺的話，那會是「死亡感覺」嗎？它是怎樣的呢？若無，那又為甚麼會如是？難道活着的我們無法對「死亡」有所感觸？這是否因為生存與死亡向來分隔開來，彼此不可共致的呢？如認同的話，就可以說：死對生沒甚意義；死，只是生的中斷，將生命消卻掉而已。再想下去我們可以追問，墳場這處地方有何意義呢？它究竟是給死者或是活人的呢？它真的是死者的居所？還是作為供活人去逛逛、悼念死者的地方？如果活人不知「死」為何物，不能體驗「死亡」，那麼活着走過墳場之時有甚意義呢？

有關死亡的問題，留給誰去在意？留給誰去探究？

面對死亡，我們該如何是好？「死亡」與「活着」究竟有何分別？可以藉從一方去了悟另一方嗎？我們可以在瀕死時以笑迎死嗎？還是會問道：何以死亡降臨己身？何以死亡擇己而不擇他人呢？我是否因罪致死呢？會否滿懷抱怨地失落至死？

我，既生何以又要死去？又或者該說，因生所以才有死？會生會死的我究竟是甚麼來的呢？我是誰；誰是我呢？究竟，我們要抱持怎樣的態度去過人生，去面對生面對死？就此，儘管未能一一回應所提出的問題，但是我們知道：我們終於有一天離世而去，儘管不是今天，總有一天我們會死去。

無論如何，死亡不是生命以外之事；死亡也並非只是個人之

事；死亡是每一個活着的人所必然面對的。

　　這本小書旨意進行哲學的描述與探討，審視西方與中國的哲學家如何談論「死亡」問題，與及如何談論有關「死亡」的「生命哲學」，從中對「死亡」作多些思索，加深理解它。我們將會依據文本作考察與探究，藉以了解前人與今人的思維，了解他們對「死亡」的看法。因此，本書主要依循一種「歷史向度」尋找反思價值，而不是落在「解決問題」層面的討論上。但是這本書不是一本死亡哲學史，不會全面討論中西哲學史所有談論死亡的思想。此外，就是對自殺與安樂死等問題的討論，也非依循「應用倫理學」的進路，也並不透過醫學、生物學或心理學方式來進行的。總而言之，本書着意從簡約卻又明確的討論揭示問題，對所提出的問題加以深思，而不會給予任何標準、具有規範性的答案。

　　思考死亡，便是反省人生。

目錄

第一部分

對「死亡」的認識

第一章

死亡之奧祕

第一節

從神話中的「死亡」說起

　　廣言之，神話是為每一民族的起始思源、民族文化得以匯成的靈魂據點；亦言之，古代的神話故事或傳說，不無以其時的事實為根據。因此透過一個民族的神話，後人可以窺探前人的思維與行為模式，追尋祖先的生活痕跡。

一

　　在西方的古希臘哲學還未形成以前，「死亡」是透過神話闡說的。因為如此，「死亡」往往帶有虛構性，被看成是一種「謎」。其中，荷馬（Homer）與赫西俄德（Hesiod）兩位古代大

詩人就以神話說故事，闡述神祇、人與死亡的關係。荷馬以其
《伊利亞特》(Iliad) 與《奧德賽》(Odyssey) 留名於世[1]，在前者
中「木馬屠城」(Troy) 的故事為人共知的。故事的主角阿基里
斯 (Achilles) 是半神半人的英雄，擁有接近不死之身，只有其腳
跟是身體的致命弱點。在一次戰役中，特洛伊王子帕里斯 (Paris)
為報兄仇，一箭射中了阿基里斯的腳跟，取了他的命。[2] 這是神
話當中講述（神）人與死亡的片段；可以說，如此的神話故事乃
是荷馬為英雄之死所作的輓歌。

　　德國著名的古希臘哲學史家愛德華・策勒爾 (Eduard Zeller)
指出，荷馬的語言顯然表現了希臘精神的理性結構，在荷馬史詩
描述的尚武的英雄們之暴力世界裏乃是心靈 (Nous) 至上而非意
志至上的，這實際上反映了荷馬史詩和希臘哲學皆作為伊奧尼亞
(Ionia) 精神的產物，亦同時反映了最早響起荷馬詩歌之地乃是希

1　這兩部極長的希臘史詩可以作為上下集故事來看待，《伊》描述「特洛伊戰爭」的
　　起因、經過與結局；《奧》則主要承接《伊》的劇情，描繪「特洛伊戰爭」以後英
　　雄奧德修斯 (Odysseus) 往返希臘途中的驚險歷遇。

2　有關「特洛伊戰爭」的故事，參《伊利亞圍城記》，荷馬著，E. V. Rieu 英譯，曹鴻
　　昭中譯（臺北：聯經出版事業股份有限公司，1985）及文韜：《希臘悲歌：特洛伊
　　之戰》（北京：中國書籍出版社，2004）。在故事當中，英雄們的死亡所彰顯的是他
　　們的雖死猶榮，並且因其死亡之故他們有如神般的偉大力量與形象得以被詳加描述，
　　藉以被高度地讚嘆。

臘哲學誕生的發源地。正由於荷馬史詩並不崇拜荒誕信仰和迷信，而是強調搏動着的生命力，所以尤為重視陽光下的生活並視之為真正的生活；冥間的陰暗存在因而絲毫不在荷馬史詩的世界裏着跡顯現。[3] 也正好如此死亡沒有帶來甚麼恐怖，反之它構成了英雄們可歌可泣的傳奇故事，彰顯的是生命力的澎湃與神奇。

　　是故在講神話故事的時期，當描述「冥界」（Hades）、「地府」之事時，被強調的是它作為人死後進往之地、是為死人的「歸所」或「歸途」（Home-coming）的說法。然而，以神話說故事總是有其制限、神祕不宣之處，如是說，即指出「冥界」或「地府」只是含糊地被描述為一處不為人清楚知悉模樣為何之境地，實難為人詳加追個究竟。換言之，「冥界」或「地府」在神話的描述中就只被認知為灰暗的地方，是與現實世界相分離的；若再追究，也只簡要地知悉它的數處特點：第一，它為冥王黑地斯（Hades）管轄，乃是位於大地最西方的地底深處的死靈之國；第二，死者之靈在進入它之前須跨越草原、渡過數條河川，與及接受冥府判官的審判；第三，所有死者之靈不得返回陽間，

3　參引《古希臘哲學史綱》，愛德華・策勒爾著，翁紹軍譯（臺北：康德出版，2007），頁 8-9。

而且還須喝一口能夠忘掉往事之水。[4] 如是者，我們無從對「冥界」或「地府」本身有很清楚明確的認識，難以進一步推想它的確切模樣，也不能直接說出有否地獄之火或酷刑等存在於內裏，只能知悉如此的殘酷景象只是後來佛教帶給中國人的觀念所引起的。[5] 後期在但丁（Dante）的《神曲》（*Divina Commedia, Divine Comedy*）中，但丁描寫了自己在地府遇見阿基里斯的一幕，訴說出「生而無死」或是「死而不朽」般在地府度日的極盡無所事事的困苦景況。[6] 然而，所謂「地府」或「地獄」的究竟始終不為人所知。

二

但丁在《神曲》中描繪了「地獄」（inferno）和「煉獄」（purgatorio）兩處地方之間是為幽域（Limbo），當中存在着的不乏

4　相關描述，參黃晨淳著《希臘羅馬神話故事》（臺中：好讀出版，2001），頁 58-63。

5　參《佛教思想大辭典》，吳汝鈞編（臺北：臺灣商務印書館，1992），頁 139。此外，相對荷馬所說的「冥界」，在屈原的《離騷》中也有「幽都」之說（節錄：「魂兮歸來！君無下此幽都些。」），它謂陰間都府，指的是一種模模糊糊、疑幻似真的景象。東漢王逸《楚辭章句》：「幽都，地下后土所治也。地下幽冥，故稱幽都。」北宋文瑩《玉壺清話》卷六：「上清道錄姜道元為公叩幽都，乞神語。」

6　參《神曲》（地獄篇），但丁‧阿利格耶里著，黃國彬譯（臺北：九歌出版社，2003），第五章。

「不善不惡」之亡魂，如蘇格拉底（Socrates）、柏拉圖（Plato）、亞里士多德（Aristotle）等哲學家，與及泰倫提烏斯（Publius Terentius Afer）、安提戈涅（Antigone）、伊斯梅涅（Ismene）等詩人或故事人物。他們在地獄和煉獄之間全因為他們不是基督宗教信徒，沒有經過耶穌基督的洗禮，不是以基督宗教向度行善的，縱然他們生前並非行惡之人。[7] 如是，在幽域的亡魂既不能上天堂也不會下地獄，而在地獄的亡魂則「罪孽較深重」，只留落在但丁的宇宙體系中之最底層。由是透過神話，人們對「死亡」的構想逐漸凝聚，其中產生了「報應／懲罰」（retribution）的概念（這是後來的基督宗教[8]最重視的觀念）。在中國，則有六朝人透過敘述鬼怪故事，探知人之生死，從而積累對死亡或死後世界的相關知識，綜結着佛、道二教和魏晉玄學，與及傳統的觀念和文化氣息。[9]

提起「報應／懲罰」，自會聯想起「悲劇」（tragedy）的誕生。在古希臘哲學的起源處，「悲劇」的元素佔據重要地位，俄狄浦斯（Oedipus）「弒父娶母」的故事就是一例。在精神分析學的

7　見《神曲》（地獄篇），第四章；《神曲》（煉獄篇），第二十二章。

8　基督宗教泛指以耶穌為中心的宗教：羅馬天主教，東正教，新教和英國國教。

9　參詳劉苑如著《形見與冥報：六朝志怪中鬼怪敘述的諷喻 —— 一個「導異為常」模式的考察》，收入《中國文哲研究集刊》（2000 年 29 期），頁 1- 44。

創始人佛洛伊德（Freud）的解說下，男性天生具有弒父娶母的慾望和戀母情結〔「俄狄浦斯情結」（Oedipus Complex）〕。這是西方人向來視為最罪大惡極的行徑，因為當中包含「弒父」與「亂倫」之罪。悲劇之所以形成，乃因為兩種「罪行」沒法給避開來，命運就是如此的安排着。[10] 悲劇，一種「無奈的命定」。悲劇英雄，無奈地面對與承受命定的結果。如是者，我們該深思：

以何種態度去面對與承受悲劇，是存活的關鍵。

既生便要死，不如不生？人生下來總要面對悲哀、無聊及無奈的景況，如何是好？面對痛苦與死亡時，如何反思生命？在痛苦與死亡陰影籠罩下的生命，還有意義與價值嗎？有死因為有生，在生時即死亡仍未降臨，所以說死即說生，探究人生的意義才是最重要的。繼而言之，談論「我」的人生意義，審視「我」的生命，才是每一個「我」「該做之事」。

---

10 中國神話傳說當中的盤古和女媧，皆表現出偉大的犧牲精神和悲壯的情懷，如死後的盤古以己之身化成江河大地、日月星辰……其自身則從此消散。但縱然他們犧牲自己，卻是以其力量造福人民，同時委實沒有犯下任何包含悲劇成分的「罪過」，所以相較西方的神話，中國的沒有悲劇故事。

第二節

再從「自殺死亡之可能」說起

有關死亡，尼采（Nietzsche）在《查拉圖斯特拉如是說》（*Also sprach Zarathustra*）

說出了很精彩的話：

> 許多人死得太晚，有些人又死得太早。
>
> 更有聽起來令人奇特的信條：「要死得其時！」[11]

一

在我們身邊死去的人死得太早還是太遲呢？怎樣才是「要死得其時」呢？自殺是否可以決定死亡之時呢？自殺與「要死得其時」有否關係呢？我們又怎知道何謂「其時」呢？我們可以預算的嗎？又或者說，若然不知道何時會死，我們該像列子般強調「且趣當生，奚遑死後」[12] 嗎？該在世時極度享樂嗎？又說，

---

11 尼采著《查拉圖斯特拉如是說》孫周興譯，第一部，第二十一節，（上海人民出版社，2016）頁 93。

12 《列子》「楊朱篇」：「十年亦死，百年亦死，仁聖亦死，兇愚亦死。生則堯舜，死則腐骨；生則桀紂，死則腐骨。腐骨一矣，孰知其異？且趣當生，奚遑死後？」

生命是無常的話，不知死亡何時到臨，我們該如何辦？在這裏，我們不妨審視自殺本身，藉此嘗試解開自殺與死亡的關連，與及探討一下自殺與自我主宰生命之問題。

顯然可知，人可以自殺，因自殺致死的事情很是普遍常見，有關自殺的問題或現象，素來有不少著作探討論說過：上世紀九十年代便出版了一本日文漢譯書，名叫《完全自殺手冊》[13]。它教授人們如何去死，教導人們自殺的方法，當中對「自殺方法的執行困難度」、「自殺後的醜態」、「自殺方式的必死性」等問題有所討論。舉例來說，以「跳樓方式」自殺，可以是死得很噁心的，在執行上也會困擾他人；割脈或吃安眠藥不一定自殺成功；而以「吊頸方式」自殺的話，簡單、乾淨利落之餘，必定自殺成功，沒有「回頭路」。 如是，我們是否該問：

為何我們要自殺去？選擇自殺與否之人們對死亡的看法是否不同呢？

在這裏，我們不站立於日常生活層面來追問、探討自殺的原

---

13 鶴見濟：《完全自殺手冊》於 1993 年 7 月 7 日由太田出版出版。書中參照法醫學著作討論與分析自殺的各種方法，但以自殺方法編寫的此書引起日本社會以至亞洲轟動並引發廣泛討論。由於討論自殺方法已違背提倡延續生命的道德標準，1997 年開始在日本一些都道府縣列入有害圖書名單並限制販售，1994 年 12 月 1 日臺灣出版的中文版於港臺亦因此旋即被禁，而鶴見濟因此書而成名。

https://zh.wikipedia.org/wiki/ 完全自殺手冊

由，因為這並非哲學主涉的工作。我們所首要探究的，乃是「自殺是否可能的？」此問題。驟然回答，則有着「當然可能」此類之說法。不過細意分析下，自會發現「自己殺自己」這情況很特別，當中含有一個「吊詭」（「矛盾」、「衝突」）之處。自明地，「自己殺自己」這情況已然預設了兩方面：第一，被殺的自己；第二，殺自己的自己。前者表示自己處於「被動」的位置；後者顯示出自己的「主動性」，將自己作為「主體」(Subject) 般去殺自己。然而，可以進一步想想，若被殺的自己死去，那麼作為「主體」般殺自己的自己又是否同樣死去呢？這主動的自己是否繼續存在呢？在自殺這事宜上，自己的「主動性」與「被動性」構現了一個「吊詭」情況，進一步讓我們思考「自殺」是否真的可能或成事 [14]。

二

綜觀所有哲學家的想法，除了很少數外，大體而言都是不贊成自殺的。贊成自殺的有，例如休謨 (Hume)、斯多亞學派 (Stoic) 等；然而更多哲學家不贊成自殺，認為自殺是不該的。這是因為（不贊成自殺的哲學家認為）生命不是自己的。怎樣去理解「生

14 參看本書附錄文章：〈自殺現象的哲學反省〉

命不是自己的」？這顯然還涉及宗教層面的考量：我們不可（隨意）取消自己的生命。綜觀歷史，自殺在中古時期已被認定為一種罪行；若然自殺不遂、被救的話，那麼自殺者便要接受審判，會被判「謀殺罪」。這是說，自己可以被殺，但自己不可以去殺自己。（另外，宗教常常探討死後生命的問題。死後是否真的有生命的延續呢？生命在死後仍然存在嗎？生命會以另一種形式存在嗎？這些問題將會在本書往後的篇章作探討。）

　　若回歸哲學的審視，當中必須關注的，首推古希臘哲學家柏拉圖的《斐多篇》(Phaedo)，因為它開啟了整個西方文化對「死亡」問題的討論。直言之，柏拉圖所給予我們的啟迪：真正研讀哲學的人只有一個目的，就是準備死亡（哲學的目的，就是準備死亡），讓我們知悉存在着的生命乃是虛假的、不真實的。死亡表示人的靈魂離開了肉身，反映肉身既是靈魂的監獄，也使靈魂墮落。所以，柏拉圖歡迎死亡，因為只有死亡才能夠解放靈魂出來。這一想法對後世有着深遠的影響，尤其是對後來的基督宗教為甚。[15] 然而，柏拉圖並不主張自殺；亦不曾指稱自

---

15 基督宗教宣揚的乃是「復活」而非關涉靈魂。一般認為，基督宗教宣揚「靈魂不朽」或潔淨靈魂之說。然而，細看整本聖經，沒有任何一句話指涉「靈魂不朽」的。「靈魂不朽」實質上源由自柏拉圖，而基督宗教相信的只是「肉身復活」而非「靈魂不朽」。耶穌死後三天，向世人展示其身體的傷痕，就是證明肉身的復活，呈現出新的生命。就此，可知基督宗教從不宣示「靈魂不朽」之說。

殺即是一種對死亡的哲學反思。

　　在世上，我們每一存活着的人都會死，也總會知道自己必死，然則沒有一個人能夠知道自己何時死。今日死？或是明天死？沒人知道。所以，我們不問何時死，改以哲學方式探究的話，則我們會問：既然我們被賜予生命，那麼為何有死？既然有死，那麼又為何要生呢？為何我們無權要求出生與否？我們會否追究父母，指責他們賦予我們生命呢（可以進一步追問若干問題：是否生下來的生命充滿不幸呢？那生命是否生於悲困、淒楚的環境中？那生命是否在生理或心理上有殘缺呢？那生命是否被他人所漠視、鄙棄呢）？

　　面對死亡，自殺這想（做）法不見得是主要考量之事。自殺本身乃一吊詭，它致令生命與死亡之間存在着距離；以自殺達成死亡，實阻隔我們對死亡的理解。

第二章

死亡之定義

死亡本身不可說

究竟「死亡」是甚麼來的呢？我們可以探問「死亡是甚麼」嗎？顯然，會死的我們總是說不出「死亡」本身是甚麼。一般來說，我們相信它是外在於（活着的）我們的。在生活中我們可以跳舞、游泳、生孩子，然而「死亡」是否類近的活動呢？又在生活中，在我們的身邊，總會有人死去。或許我們曾經為死者送殯、鞠躬、拜山等，做了與「死亡」相關的禮儀，但如此的活動就是一種對「死亡」的體驗嗎？另我們固然會看到或知道他人之死亡，然則這樣的認知能否構現一種「死亡的經驗」出來呢？再者，從常識角度去看，人從吸氣至嚥氣，沒有了任何身體的

活動，包括心跳、脈搏、腦功能的停止，就是「死亡」。那麼我們可以說，「死亡」是一個過程嗎？它會是怎樣的過程呢？

我們能否回答以上的問題呢？從回應當中，我們是否就可以說出「死亡」是「甚麼」？

一

在哲學層面，我們可以追問得出「死亡」是甚麼來的嗎？可以如何去「理解」它呢？維特根斯坦（Wittgenstein）說了一句很重要的話：「死，不是生命的事件；人沒有體驗過。」[16] 如他所言，既然沒有人經驗得到死亡，那又如何去「說」它呢？那麼，恐怕我們對「死亡」本身是一無所知了，根本無法知悉「死亡」是甚麼。不過若然真是如此，我們還可以提及「死亡」這用語嗎？在生活中的我們常把「死亡」掛在口邊，不知不覺地又在說着它，顯然對它是有所「知」的。我們所「知」的並非「死亡」本身，而是它的反面。我們說「死亡」，實際上就是反映：我們是活着的，只有活着的我們才能說「死亡」的；這也便反映：已然死去的我們是無法談論「死亡」的。所以，我們談論「死亡」，乃只是在活着時所做之事，乃就是在談論着「生命」本身。

---

16 維特根斯坦著，郭英譯：《邏輯哲學論》（北京：商務印書館，1995), 頁96。

反過來說，「死去」便沒有話可以「說」了，正如「人死如燈滅」
（死人沒有話說了）。

　　但由始至終，還沒「死去」的我們總不能直說直指「死亡」
本身是為「甚麼」來的。若說睡眠近於死亡，人之睡着近於死着，
那也只是人在仍然活着時所推想出來的一種說法。直言之，我
們可以有睡眠經驗，但有誰經驗得到「死亡」呢？沒有人可以，
因為死亡不是生命事件，當我說「死着」，就是「活着」。當我
還未嚥氣，就表示還有呼吸。呼吸着就表示「未死去」。自明
地，我們在生時就是沒死，那何以相信甚至於引證自己必死呢？
簡言之，可以說「死亡是必然的」嗎？

二

　　如在哲學討論中，以上問題可以用「三段論證」（Syllogism）
來引證嗎？若說：「凡人皆死」。我們如何得以知道所有人也會
死呢？再說，「凡人皆死」意謂所有人已然死去，那麼活着的我
們如何驗證此話的真確性呢？所以「凡人皆死」不可說，改為
「凡人皆會死」就可以了。也因為如此，「三段論證」實不可引
證「死亡是必然的」這實況。又說，在生活中我看見或知道他
人死去，明了自己與他人同樣是人，但如此的體驗仍不足以作
為充分的理據支持「死亡對每一個人乃必然的」之說法。所以，

在哲學上我們也會遇上困境，也會遇到哲學未能處理、解決之事：第一，「凡人皆死」無法證明；第二，「我必然死」也不可知。當然，兩者同樣不是科學理論或數據所能反映之事。儘管如此，在實況當中，我們已然知悉「死亡」是確有之事。我總會死，這是不能避開的實況，只是我總不會希望早死或隨時死亡。對此，哲學反映着尤為值得關注的一點：死亡既是「確定的」又同時是「不確定的」，綜合出一個「吊詭」的意象來。一方面，死亡的到臨終會發生，這是確定無誤的；另一方面，到死的時間是不確定的，是不能準確把握、知悉的。兩方面呈現出「死亡」本身之「確定性」與「不確定性」。由是，如何理解「死亡」這「不確定的確定性」呢？繼而言之，死亡的「確定性」與「不確定性」又反映着生命的「確定性」與「不確定性」。生命的「確定性」是指活着就是一「確定的存在」，而其「不確定性」則源自對「何以生我」之感悟而發的，這即指出「我降臨世上與否」是一不確定之事。由此可說，我之「出生與否」並非必然，然則已經出世的我就呈現出必然性來。

　　最後重申一下：死亡是不可被經驗的，一般來說它不被看成是生命中的一種活動，它並不是實在的經驗；但它也不是外在於生命的事件，它正好與具體的生命息息相關，活着的生命無可從缺它。總言之，死亡自有它的「吊詭」處，乃幾千年來被

人們從不間斷地關注着。人們很重視自己之死，因為人們更重視自己的活着；人們亦重視他人之死，因為從中可以對「死亡」加深理解（也因為人情之故）。然而，「死亡」實際上很困擾人，因為人對它的認識始終不多。如是，哲學家嘗試將「死亡」定義，或指稱「死亡」是為「某事某物」，從而對「死亡」多作思索，進行哲學式的思慮。

第二節

視死亡為「無」

回溯古希臘哲學家伊壁鳩魯（Epicurus）的話說，可見死亡被他視為「無」，由是，「無」或「死亡為虛無」成為哲學討論的一個核心話題。順此來看，死亡是「無」的話，人們還要害怕它嗎？會認為它是邪惡的嗎？會指稱它是人類在世的最大懲罰、災害嗎？面對「無」，我們該作如何的反省呢？再說下去，我們可以追問：死亡是否只帶給我們「無」呢？死亡既是「無」，那它還有何意義呢？

一

　　活着時，我們不知「死亡」為何物，於是只可以用「無」來
形容或定義「死亡」嗎？是否只有定義「死亡」為「無」，我
們才可以去探究它呢？死為何物？死為「無物」。將死視為「無」
是否恰當呢？須解釋「無」本身嗎？又如何可以解釋「無」呢？

　　從另一方面去想，若然「死亡」即「無」，那麼我們還要去
關心「死亡」嗎？用一個類比來說，若將「無」看成是「黑洞」
的話，我們會關心「黑洞」是甚麼嗎？對比「死亡」與「黑洞」
二者，我們不可能不理會前者，因為它並不遠離我們，換句話
說我們總是身處「死亡」當中，就以「吃」、「電玩」及「電影」
而言已甚見「死亡」與我們息息相關的景象，所以我們總會關
心「死亡」問題的。上一部分已述，當談論「死」時，很自然
地就是談論「生」了。我們確實是在生之中看死亡的。那麼，
我們無疑須同時探討生死，不談死便妄論生，反之亦然。

二

　　因為如是，從古至今，不論是西方還是中國有關「死亡」的
哲學，實質上即是「生命哲學」。進而言之，所有哲學家全不
是談論「死亡」本身（Death as such），而是藉「死亡」來談論生

命⋯⋯例如「有死的生命」該如何過活、死後的「生命」是如何的等問題。

在二十世紀，德國現象學家海德格 (Heidegger) 便很重視「死亡」這現象，藉此作出哲學探討。他在其《存在與時間》(*Being and Time*) 一書裏明示對「死亡」的分析乃必須的，並專題式地從現象學層面談論「死亡」。他的說法很值得我們關注、討論：他並不認為「死亡」是生命以外之事，也不認為「死亡」是生命的終站；他明確地指出「死亡」是為存活的一種「無」〔即詮釋為「可能性」(possibility) 來看〕。很重要地，他認為「死亡」給予每一個我其獨特性，並剖視了「死亡」與生命同在的現象，更告知我們生命之所在與意義是透過「死亡」呈現出來的。

如此看來，哲學告知我們，「死亡」不是外在於我們活着的生命的；進言之，生命、死亡與時間三者息息相關。「死亡」之「無」也不作一般解說。從死生之說中，大可得知「我如何是為我」的意義，這推使人們明白，縱然每一個我有「普通人」的面向，但我依然是一負持獨特性之我。如是說，哲學的解讀讓我們深省：單靠他人之死，無從知悉死亡本身作為「甚麼」之真相。只有以己悟死才能悟生，才明白「死亡」是為「甚麼」，與及它在生命當中的意義。

三

　　至此值得重新思索的是，我們還會認為，面對生與死，我們真的知悉前者而不知後者嗎？又或是，我們仍不願意死，會認為有着不死之可能，就如汽車更換零件般，人可以更換器官以保存或延續生命；抑或，樂於接受人的生命本有死之實，明白有死的生命總是有其限度呢？又或者，得着一些哲學觀解是否有助我們面對生死呢？若然明白了「死亡是必然的」之理解是為「先驗」性質的，不是體驗所把握的，那又如何？若然我們質疑，沒有經親身體驗所得出的想法站不住腳，學懂了「假設不一定是對的」這道理，那又如何？

　　哲學，真的能夠處理生死之事？哲學，真的為我們所受用？往昔，西方哲學家對「死亡」問題有着不少的討論，而中國哲學家也不乏關注如是課題之士。死亡，在道家的老子與莊子那裏談論最多；在近代中國哲學家雖則極少談論死亡，然而也有唐君毅先生談論之，可見其《人生之體驗續篇》中〈死生之說與幽明之際〉[17]一文。如下，我們將會細看，古今西方與中國的能人賢士如何談論「死亡」這課題。本書依據思想史路發展，

17　唐君毅，《死生之說與幽明之際》《人生之體驗續篇》，收在唐著《人生三書》，（北京：中國社會科學出版社，2005）。

在開端至中後部分將焦點置放在中西的哲學傳統上，藉以了解前人的思維，了解他們對「死亡」的看法；而在第五部分（「死亡與現代世界」），將探討當代有關死亡問題的討論，如自殺與安樂死的事宜。如是，本書的觀點主要是透過一種「重述歷史並重思歷史」的向度來開展的，着眼於啟迪讀者的思維，旨意作為一本具深刻反思性之書籍。

第二部分

西方哲學傳統

西方哲學傳統

第三章

柏拉圖傳統：靈魂不朽

第一節

真正生命自死亡始

　　概而言之，在柏拉圖以前西方人對「死亡」的想法總是帶有神話色彩，這大可歸因荷馬史詩對西方人的影響之大，其後柏拉圖將「死亡」問題哲學化。[1] 這即是說，他着意「思考」死亡問題，並不僅僅從生命的層面對死亡有所聯想，而是藉剖析生命的本質以審視死亡的價值。如是，從柏拉圖以對其師蘇格拉底的

1　王世宗先生直言，希臘人尊崇人文主義，並謂希臘人文主義強調無神信仰觀念，如希臘人認為「神長得像人」就是一人本精神的反映。參《歷史與圖像：文明發展軌跡的尋思》（臺北：三民書局，2009），頁 58 及 71。就此可以進一步地推想，希臘人（以至西方人）在柏拉圖哲思的影響下，逐步從神話的薰陶中走出來，轉向以理性思考為主導精神。

闡述中，可以得知他如何審視生命與死亡的問題──總結地說：他透過「靈魂」之說判別生命的素質，並視死亡為開啟昇華生命之途。從另一角度來看，可以說「靈魂」的概念儘管在柏拉圖前的希臘哲學家已有討論，但「靈魂不朽」的說法是源出於他的哲學。那柏拉圖如何藉說靈魂來闡述死亡呢？

一

　　一般而言，從柏拉圖的《申辯篇》(*Apology*) 與《斐多篇》(*Phaedo*) 中，可見相關靈魂與死亡的說法。先說《申辯篇》，所謂的「申辯」並非指求情、求寬恕或求原諒之意，它乃是一種「抵抗」，是對不公允的誣告及指責的抵抗。事情之源由如是：柏拉圖之師蘇格拉底向以「知識的接生婦」見稱，他旨意導引他人構現生命的智慧。之所以如此，乃因為蘇氏在德爾斐 (Delphi) 的阿波羅神廟中獲致一道「神諭」(oracle)，知悉全雅典最有智慧的人乃是他本人。對此，他並不同意，認為自己「一無所知」，只自知「無知」已。故此他為求追問「真相」不斷與人爭辯，如探問「正義是甚麼？」惜無人懂回應，只流於給予片面的想法、意見 (opinion) 而已。在他看來，所謂的「智者」從沒給予「永恆不變」的道理來，如是便揭示出人們自以為是、自認為知的景況。由是，蘇氏開罪了人，並被誣告三大罪狀：腐化青年，

誤導他們入歧路；不信仰雅典敬仰的傳統眾神；自立新的神祇。蘇氏一一駁斥這些指控，坦誠地答辯道：他受到誣告乃因為他指出了人們的罪行，然則他是出於善的動機為之，目的是為了大眾的整體福樂。顯然，此篇記述蘇格拉底的偉大人格、超然智慧及其堅守的哲學使命。故而言之，柏拉圖寫出蘇格拉底寧犧牲小我以存大我的精神，從中表明了蘇格拉底對死亡的看法，即死亡不足懼，它可能是另一更好生活的開端。

又從《申辯篇》的記述可見，蘇格拉底認為好人不怕死，因為好人是會好死的。那麼死亡又是如何的「好」呢？對此，蘇格拉底說道：「我們可如此着想，大有希望我此去是好境界。死的境界二者必居其一、或是全空。死者毫無知覺；或是，與世俗所云，靈魂由此界遷居彼界。」[2] 換言之，蘇格拉底欲指出人們須關心的應是自身之靈魂的問題，因為靈魂與德性（幸福）有着直接的關連。就此蘇氏不僅認為無辜的人無懼死，而且指出人死後會進往同一處地方，那麼剛死去的人與早已死去的人便可以重逢了。如是，他進一步認為人死後便能與高貴的靈魂相遇，是為一大樂事！

此外，蘇格拉底提及死亡該被視為「無夢的睡眠」這說法，

---

2 柏拉圖著《蘇格拉底的申辯》嚴群譯，（北京：商務印書館，1983）頁 78-79。

對此我們可以質疑，如果死亡真是「無夢的睡眠」，是為「長眠」，那它為人帶來「得着」或「好處」嗎？若審視之，可見蘇氏實質上並無對「夢」與「長眠」作進一步的探求，只意謂「死亡不是做夢」已；也並無具體地勾勒出死後世界之景象來，只是如古希臘神話那樣含糊地描述了一些相關死亡的意象來。不少後世的學人認為，蘇格拉底生為人、死為神，之所以有着「死為神般」的形象，全因為他在赴死時已然「知道」死亡是甚麼。然而，在《申辯篇》的記述中蘇格拉底沒有正面地直指「死亡」是甚麼來的。因為「不可知論」之故，他給出的回應模稜兩可，並沒對「死亡」下定論，只流露一種對「死亡」抱持期盼的「信念」，一種經理性思濾後獲致的「信念」。換言之，可以說他對「死亡本身」是無所知曉的。

二

在《斐多篇》中，柏拉圖提出「靈魂不朽」的觀點，並以四個主要論證來支持他的想法。第一，柏拉圖認為萬物皆相對而立，並且每一物都是由它的對立面所產生出來的，如生和死是為對立的，所以，生產生死，死產生生。從如此的意義去看，靈魂必然為永存的，因為它在人之生以前，必然已經存在，而在

人之死以後，必然也存在於某處。第二，柏拉圖指出學習是一種「回憶」，表示一切當下回憶出來的東西，全是在往昔學到的，這就是所謂「知識即回憶」的說法了。藉此說法，可引證何以人們持有在現實景況中找不着的某些知識，如相關「絕對相等」的概念與事例的方面。如是說，即表示某些知識必為人在其出生前已然擁有了，這也即表示所有人的靈魂在進入自己的身體以前就存在於某處；而因為靈魂在人還未降生於世前已經存在，所以自然也可說它在人死後一樣不滅。　第三，柏拉圖認為靈魂之所以不滅乃因為它不可被分解。此想法源於這樣的依據：可被分解之物皆為複合之物，複合的部分乃就是可被分解的地方了。人之身體乃複合之物，所以得以被分解，不可永存，然而靈魂卻是單一的，所以它是為不滅的。第四，柏拉圖申說前三個論證後續引入如下的說法：靈魂之所以永存不滅的，源於它本是一不可見的（不被把握的）又是無所變化之存有；靈魂本身就是一「理型」（eidos）來。因為如此，靈魂能夠自存，不受與其本質相反之他物影響，死亡故此與靈魂毫無關涉；靈魂乃是不朽的。

　　另在《理想國》（*The Republic*）裏，柏拉圖將靈魂三分為「理性」（reason）、「激情」（passion）和「慾望」（appetite），對應「智慧」、「勇敢」和「節制」三種美德；又稱謂「理性」為馭車手，駕馭着「激情」這匹良駒和「慾望」這隻駑馬。由是，綜觀柏拉圖之

說，顯然見到唯有靈魂為柏拉圖所注視的，而靈魂之理性（或說
理性本身）就是他最為樂於欲求的了。柏拉圖在此篇的最後部分
以討論靈魂不滅的問題為結語，指出不義是為靈魂唯一之不幸
這觀點，也指出了另一點：若然靈魂愛好正義，保持其「理性」、
「激情」和「慾望」的平衡與和諧，那便能獲致永遠不滅了。

　　可以說，在柏拉圖的學說裏，找不着提及「身體之不朽」的
觀點。對此，我們無從論之。至於對「靈魂之不朽」的說法，我
們只可以設想之，亦即只可以從設想當中去理解與明了柏氏提
出的論據。觀照柏氏學說，我們得以明確地知曉何謂「理想化」
（ideal）的觀念，這是指論證「靈魂不朽」之事乃一「理想的目標」
也，如此的學說實是「形上學」無疑。那麼，柏拉圖之謂「死
後的靈魂不朽」與及「死後的最大幸福」，又是否虛構得來的
呢？他所謂的關於死後的未來生活之景象，是否也是一種荒唐
神話呢？

三

　　柏拉圖指出哲學是為淨化靈魂之道；又進一步指出，現存的
世界不是最美好的，肉體的病痛使自身受難，肉體的生命須抱持
盼望。盼望的是，靈魂能夠離開肉體，離開被禁錮着的狀態。（這

說法繼而深遠地影響着基督宗教及康德、胡塞爾等後期的哲學
家。）換個說法，他實是追求死亡，因為死亡展現「生機」：肉
體與靈魂之分離，純淨的靈魂得以呈現，呈現着生命的理型來。
柏拉圖實質上以死為樂，認為對於哲人來說死亡開啟了他們獲致
最大幸福之大門：「那些以正確的方式真正獻身於哲學的人實際
上就是在自願地為死亡作準備。如果這樣說是正確，那麼他們
實際上終生都在期待死亡，因此，如果說他們在這種長期為之
作準備和期盼的事真正來到時感到困惑，那麼倒確實是荒謬的」[3]

　　是故大可以說，從柏拉圖的哲思中我們可以得着如下觀點：
哲學之為哲學，就是為準備與迎接死亡而言的。惟有死亡降臨，
附隨肉體生命累積出來的困限（肉慾）才得以被消解，真正理性
生命才能無憂無慮地、自由自在地發現與獲致「真理」。直言之，
人之真正生活乃是其死後的生活，「視死如歸」實為柏拉圖哲
學的精髓。

　　當死亡到臨，肉體自會腐朽，靈魂卻可以超越死亡。

　　死亡，不是終結，而是開始。

　　無畏死的精神被後人推崇備至，無怪乎亞里士多德直言：
「一個勇敢的人並非自願去迎接死亡和傷害，然而對他們還是

3　柏拉圖著《斐多篇》64A, 王曉朝譯,（北京：人民出版社, 2002）頁 60。

堅持，因為堅持是高尚的，否則是可恥的。一個人的德性越多，他越是幸福，那麼就越是感覺到死亡的痛苦，因為這樣的人生是可貴的。」[4]「勇敢」乃古希臘哲人推崇的美德；哲人無畏死的精神乃是一種「勇敢的表現」；擇善而死可以被視為一種「高尚的死亡」，如此敢於死無負美德之實。

　　至於為追求「不朽靈魂」而求死，也可以看成是另一種無畏死的精神，然則如此對死無畏更該說成為「樂於死」也，乃是樂於追求不死而死已。如此「樂於死而死」也可以被視為一種「高尚的死亡」，其高尚之處在於其本身乃是一「理想」也，乃為世人欲「高攀」的。不過如此求死是否一種「勇敢的表現」，又是否為人稱道乃是一種「擇善」的美德，則為哲人們各自分說了。

　　古希臘三哲同樣避不了死亡這實況，也同樣藉思索死亡找着「真理」。不同的是，蘇格拉底身體力行，為「真理」無畏死；柏拉圖藉蘇格拉底之死引論死後存在的問題與永恆不朽之價值；亞里士多德則源由自柏拉圖的學說開展後學。可見，西方哲學乃以古希臘學說為傳統，古希臘哲學乃以柏氏學說為中心。無妨說，死亡哲學，自是源由於此。

4　亞里士多德著《尼各馬科倫理學》1117b7-12，苗力田譯，（北京：中國人民大學出版社，1992) 頁64。

第二節

靈魂不朽論的源起

柏拉圖的學說延續着古希臘先哲之思，呈現出哲學之「道」（Logos）來。其一，「變中不變」就是一經過哲學反省的不二之道，有如此看法者就是有所反思、能夠警醒自身，並且呈現出「理性」之人來了。蘇格拉底便是如此呈現着「理性」、愛好「理性」之人。廣而及之，可以推想人全是理性的動物也；或說，人皆有呈現其理性之可能也。審視柏拉圖之學，其「靈魂不朽」的說法實是彰顯了「變中不變」之道來：「變」關乎靈魂的「轉生」；「不變」在於靈魂的「不朽」。如此之「變」與「不變」的契合正好反映出靈魂的超越性，反視靈魂的「變與不變」能夠得悟生命的安立所在。柏拉圖哲學就是如此以死亡透現出生命之道了。

一

追本溯源的話，柏拉圖氏的「靈魂不朽論」當可被視為源自畢達哥拉斯（Pythagoras）與赫拉克利特（Heraclitus）的哲思而起

的。[5] 畢達哥拉斯提出有關「靈魂轉生」(transmigration of souls)
之說，認為靈魂離開一個肉體後會轉移向另一肉體「再生」。這
說法不僅表示人之為整體，肉體與靈魂俱在，也意謂靈魂有其
不朽性。審視畢達哥拉斯的想法，可知他認為同一靈魂可以流
轉於不同的肉體，由是這便反映了靈魂不僅為不滅的，有其獨
一的個體性，也反映了它作為恆定之存有的特性。如是者，「變
中不變」的義理也就從中透現出來了。

再說，從畢達哥拉斯的論說裏，可得見人體的完美乃取決於
物質元素的和諧之觀點。一方面這說法對古希臘的醫學產生了很
重要的影響，使當時的人們以為治癒疾病就是旨在恢復人體之平
衡，避免失調的情況發生；另一方面如此的觀點化為一種原則，
落在靈魂之德性的考量上，作為判別善惡靈魂的衡量準則。

對畢達哥拉斯而言，人之欲望就是混亂無序的，它須被妥善
操控，透過節制、正義和智慧等美德加以調和。就此進一步說，
靈魂得以和諧乃是「真理」之最高展現，靈魂從肉體的囚禁中得
以解脫就是靈魂得以和諧的實踐開端。所以畢達哥拉斯講求「淨
化」，表示須以科學和音樂淨化靈魂，以體育和醫藥淨化肉體。

5　「靈魂不死」這說法可以說是源自泰勒斯 (Thales)，但審視柏氏的「靈魂不朽論」，
　　則發現畢達哥拉斯與赫拉克利特的學說更為與之相近，故特以探究、論說二人之
　　學說。

他並謂淨化的最高形式乃是內心修養，盡一切努力擺脫使靈魂受着玷污的障礙，其中也便聲言肉體的肉慾須被禁絕。[6]

柏拉圖就畢達哥拉斯學說有所理解：理性的靈魂與肉體乃可以劃分的，前者因在現象世界產生了欲望，所以關進於猶如牢獄的後者之內；若然靈魂的理性克制了欲望，它則脫離肉體的沉淪，重回淨化之境地，否則繼續沉淪就要不斷徘徊於各種動物的肉體之內。這是柏拉圖脫胎自畢達哥拉斯的靈魂輪迴說，與畢達哥拉斯的有差別，最明顯的就是柏拉圖強調理性追求永恆的價值，為求創造不朽；所以靈魂之最好的歸宿，就得要見不着肉體的欲望，只剩下只旨趣於理性的自身了。[7] 無疑，畢達哥拉斯的哲思開啟了柏拉圖審視有關「靈魂不朽」的哲理問題，前者使後者獲益不淺。然而，畢達哥拉斯審視人之本質，得着靈魂與肉體二分的看法；如此導致而來的「二元論」（dualism）也就傳留給了柏拉圖。

6　參看策勒爾著《古希臘哲學史綱》翁紹軍譯，（濟南：山東人民出版社，1992）頁31。

7　見皮特・戈曼著《智慧之神：畢達哥拉斯傳》，石定樂譯（長沙：湖南文藝出版社，1993)，頁284- 5。

二

　　赫拉克利特對柏拉圖的影響雖不為畢達哥拉斯的那樣明顯，但也頗深。赫拉克利特主張生與死是為一個循環（circle），表示「一切死的就是不死的，一切不死的是有死的：後者死則前者生，前者死則後者生」[8]；亦說道「生與死，始終是同一的東西。後者變化了，就成為前者，前者再變化，又成為後者。」[9] 他認為生命是為一種由對立面之結合而形成的統一，也表示生命是會轉變的；當中他將靈魂看作邏各斯（logos）的一部分，強調了靈魂與理性（Reason）的關係，也強化了靈魂的重要性 ── 靈魂是人與神之間的橋樑。[10]

　　由是觀之，我們可以得出三論點：第一，對赫拉克利特而言，靈魂是有生有死的，靈魂的生死是為一演變過程，從中可以判辨美好的與醜惡的靈魂。從表面去看，可以說赫拉克利特認為靈魂不會不死，然則他亦認為生與死是為一種演化，就如他把自然理

8　《殘篇》D62；引錄羅素著《西方哲學史》，何兆武、李約瑟譯（北京：商務印書館，2003），頁 69。

9　《殘篇》D88；參錄段德智：《西方死亡哲學》（北京：北京大學出版社，2006），頁 272。

10　參 Stumpf, S.E. & Fieser, J. *A History of Philosophy: Socrates to Sartre and Beyond* (Beijing: The University of Beijing, 2006), p.16-17.

解成一個始終如一的整體，沒有真正的生滅。是故從這點看來，靈魂的「生死演變」與畢氏所謂的「轉生」不無相近相通之義；第二，赫拉克利特將靈魂聯繫上邏各斯，這想法固然與畢達哥拉斯的有異，但也反映了一點：他只是以另一向度直把靈魂視為永恆不變不滅之存有；第三，在他的學說中，邏各斯是為人的認識能力的來源，也是智慧和德行的來源，故靈魂也自不然成為人賴以追求最高真理的所依所據，如優秀的靈魂也就展示着生命的昇華了。

　　無疑，赫拉克利特明言世界處於不斷的變化之中，指稱同一事物不存在永久，每一事物定必變成某一他物，如人總不能兩次踏下同一條河流[11]；亦聲稱人之靈魂與物質有着一定的密切關係，表示作為火之屬性的靈魂，須通過肉體的五官去感覺與呼吸肉體以外的光和空氣以補充自己。[12] 要是說赫拉克利特並不接近畢氏的立場，當然不會錯。但從以上的論述已得見，無從否定赫拉克利特學說既融和了畢達哥拉斯學說的精髓，並從另一面向填補了畢達哥拉斯學說不作引申、未作詳加思索的部分。

11　同上《殘篇》91。

12　策勒爾著《古希臘哲學史綱》翁紹軍譯，（濟南：山東人民出版社，1992）頁42-44。

審視之，實發現赫拉克利特與畢達哥拉斯同樣引導了柏拉圖追求真理的思路。

三

　　最初的希臘自然哲學本自原始宗教和神話裏頭脫胎出來的，總免不了帶有古代的靈魂觀念。對古代的希臘人來說，靈魂的觀念和神的觀念一樣重要，皆作為認識世界和闡釋萬物起源的思想基調。不過，哲學的導入終究淡化了原始宗教和神話的神祕性，探問了或欲探索原本不被尋根究底之思想處。哲學，就是原始思想的變革；它重新審視人們向來尊崇的神創造世界之觀念，致使思想的基礎生發了本質的改變。

　　從另一方面說，古希臘哲學又可被視為科學思維的開端，科學所推崇的深層的抽象思維，與及各種複合的認知、探究方法和範疇都源自古人的哲思積累而成的。從這觀點再細想，又可以得着兩點：第一，從後而至的思想不必然地推翻或接受前人之思，這即是說新產生的思想一方面決不會毫無改變地全盤接受古代的觀念，但另一方面也自然而然地將舊有的一套納入改革了的思想中，由是後來者才可以按其意欲、需要，從而依據自己的想法與理論對舊思維進行改造；第二，古代哲學引入理性思維，始於尋求義理，藉使思索與定見蘊涵引證及理由，然則因未如

後世那樣滲注科學性視點、學說作為基礎論調，故我們可以認為在古代人們依然將哲學夾雜神話、宗教。最為明確不過的是，古希臘人還是透過靈魂觀念來認識和闡說世界；或說，在他們的哲學當中靈魂觀念顯而易見。就如畢達哥拉斯、赫拉克利特與柏拉圖的哲思雖然圍繞人的生命作探尋考察，但是他們的哲學還是藉助靈魂觀來開展，或及歸結的。

概論西方哲人所謂的「靈魂不朽」之說法，大可直言之：靈魂高於肉體，前者才有價值，才是永恆的。肉體既在，欲望才在，一切的罪惡才湧現。肉體是罪惡的根源，是會腐朽之物，追求生命的永恆是故成為人之最高理想。對此，我們無須必然認同，當然還可以問：（如尼采謂）永生，永恆有何好處？人之不朽究竟有甚意義呢？靈魂之不朽真的較肉體之不朽為好嗎？人之靈魂真的是最為完好之存在？成為永久的完好，真的是為最好的狀況嗎？沒有不好，可以得見何謂完好嗎？

我們不一定回應得到以上的問題，重要的是我們從提問當中得以作出反思。就此值得關注的是，着重靈魂之說，有甚麼問題嗎？將靈魂看成是一昇華的理念目標，不正好給予人們動力追求更為上進、優質的存活形式嗎？哲學不是旨趣於人們欲以昇華自身嗎？概而言之，以柏氏的靈魂不朽論為分析焦點，我們還能查找出甚麼不足之處或缺弊來呢？至少有一點肯定的，

柏拉圖之說對人而言並非完美，否則往後便不再有其他的哲思
持續湧現而至了。

四

　　以後來者的角度審視之，我們可以從現象學（phenomenology）
的層面進行反思工作。胡塞爾（Husserl）及梅洛龐蒂（Merleau-
Ponty）顯然很重視人的身體與現象的構成之關連，同樣對身體作
出了顯題式的闡述，後者在其論說中更為凸顯身體的首要性。

　　我們先從胡塞爾說起。在他的現象學論述下，每一個人自己
的身體稱為「肉身主體」（Leib），是為一具有主導性的、能夠活
動的基點；在世界中，肉身主體就是每一個人處置「這裏」（here）
和「那裏」（there）的參照起始點（starting point of reference）。又
或者說，肉身主體是為「導向體系的零點」（zero point of system
of orientation）或稱為「絕對中心點」（null-centre），它的位置從一
而終地決定了周遭事物的基本空間佈局，賦予了「這裏」和「那
裏」意義。每一肉身主體所以有着決定空間佈局之能，乃因為它
能夠開展活動，是為一「能動之存有」，而此「能動性」（motility）
之展現與意識（consciousness）之運作便有直接的關連了。所以在
胡氏的描述中，肉身主體既非一純粹意識，也非一純粹之物，
而是作為意識與「軀體」（Körper）合一之存有，亦即表示人的身

體乃人之思與肉融為一體的，從不缺失任何一方。[13]

　　以上的觀點乃胡塞爾在《觀念 II》（*Ideas II*）明確地闡述過的。顯然地，肉身主體只是作為現象學上的表達，它實指涉身體（Body）與主體（Subject）二義。如是說，我這主體在世的存在與活動乃必定透過我的身體之參與及展現，故此身體無疑是每一個人展現其在與能的存有，透過它才可構現負載意義的存活現象。由此，可見身體在世的重要性，與及它作為開展生活經驗的必要性，直言之，在現象學探究生活現象的向度，對身體的審視佔據首要的位置。毫無疑問，胡塞爾着眼於對身體的描述及分析，巨細無遺地逐一對身體的物理性、感性、智性或精神層面作深透的探究。

　　除了胡塞爾以外，梅洛龐蒂在他的《知覺現象學》（*The Phenomenology of Perception*）用了大部分的章節來描述、說明「身

---

13 見 E. Husserl, *Ideas pertaining to a pure phenomenology and to a phenomenological philosophy*, trans. R. Rojcewicz and A. Schuwer (Dordrecht: Kluwer Academic Publishers, 1980), p.165-166 & 251-253. 此書簡稱為《觀念 II》（*Ideas II*）；另有關討論肉身主體與界（視）域開展的課題，詳見 Peursen, C.A.V. "The Horizon" in *Husserl: Expositions & Appraisals*. Elliston, F. & McCormick, P. (ed.) (Notre Dame: University of Notre Dame Press, 1977), p.182-201.

體」（Body [corps]）的本質特性。[14] 簡而言之，他所謂的「身體」
指涉人之肉身，是故此「身體」並非一純粹之物（thing）或純粹
「軀殼」，而是意謂「人之主體」，亦即可以以「能夠呈現主導
性的身體」視之。因此梅氏遂以更為準確的稱謂表述「身體」──
「肉身主體」[body proper（corps propre）][15]。事實上，梅洛龐蒂
繼承了胡塞爾之學，重視人的身體及其主導性，藉透過論述人的
身體來進行哲學的反思工作。一方面可說，胡塞爾與梅洛龐蒂二
人同樣關注身體的課題，在他們的現象學研究裏將身體作細微具
體的分析闡述。不同的是，身體的課題在胡氏哲學之中並非一
開始就以主題形式予以審視，而梅洛龐蒂則從一至終都不無着

---

14 Merleau-Ponty, Maurice. *Phenomenology of Perception*. Eng. trans. C. Smith (London
　 & New York: Routledge, 2006). 後簡稱為 "PP"。法文「corps」一字主要分三義：
　 第一，作為「軀體」或「身體」；第二，作為「主體」及第三，表示「總體、團體
　 或集合體」。綜合來說，「corps」很適切地表達出梅洛龐蒂對「肉身」（或「身體」）
　 的看法，前二義與人之肉身相關，並可以為推論出知覺主體作基礎；後義可設落在
　 「在世界之中」（與世界關係）作理解。

15 法文「propre」被譯成「One's own」(see content lists of PP)，筆者對此作了釋解，
　 認為此譯並非強調主體的「大我」(I) 或彰顯主體的「獨我性」，而是凸顯了主體的
　 「作為導向行動本源的主體性」，亦即強調「以知覺去活的主導性」，進一步深
　 刻地明示身體在存活層面的首要性，所以「corps propre」可譯為「肉身主體」，而
　 對它作深一層的描述就是直言它即是「知覺的肉身主體」。參 Hass, L. "Sense and
　 Alterity" in Merleau-Ponty, *Interiority and Exteriority, Psychic Life and the World*.
　 Ed. Dorothea Olkowski and James Morley (Albany: State University of New York
　 Press, 1999), p.95-96.

眼於對身體的闡釋。所以另一方面可說，梅洛龐蒂哲學乃是「身體現象學」，他把對身體的探究推演至一極致之境。

尤為可見的是，梅洛龐蒂時刻強調肉身主體總是委身於（存活在）世界當中（destined to the world），以知覺（perception）作為一切活動的本源所在。他進而細膩具實地探討「身體的性欲」與「身體的話語」，從中直視身體與文化意涵的關係。就如透過闡釋身體作為「性欲之存有」（sexual being）這點，揭示了每一身體的存活實乃關連着身體與身體（眾多身體）之間的關係意義。[16] 可以說，藉審視身體，反映着人與人乃共存着（co-existing）之存有者，乃作為「社會性之存在」（social existence）如此等等的實況。

經胡塞爾及梅洛龐蒂從現象學的角度重新闡釋人之身體，不難見出柏拉圖的靈魂不朽論之不足或缺如，那就是過度貶視肉體這問題。柏拉圖偏向推崇靈魂之潔淨與不朽，欣然地透過理想化的哲語欲求理想化的目標，不僅使他本人不能夠體察與透視現世生活的實況，也無從給予世人得以在現世所能把握的、有關處理身體問題的相應審視。

肉體與靈魂二分之說，未嘗不是一種哲學思慮而來的得着，然而過於偏袒某一方，與及將如此的區分看成是一定然的律則

---

16 *PP*, p.194-198.

的話，實不為哲學應然造就之後果。後學不一定較前人的哲思更為卓越，不過後學究竟經不斷的反思與取捨得來，自有對前人哲理提供補充、申說及解難之優處。審視之，若沒正視身體，便無真正考察過死亡的問題。縱然不可謂說「不死」必然指涉考證存活的身體之不朽，但對於藉身體來存活的我們而言，談論死亡無視現世的實況，又如何去空說後世的景象呢。

第四章

伊壁鳩魯與
斯多亞學派：
視死為無

第一節
死亡從不可怕

　　伊壁鳩魯（Epicurus）認為人死後，「靈魂原子」離開肉體而四處飛散去，因此人死後並沒有生命可言。[17] 依他之意，可以得着如是說法：「一切惡中最可怕的 —— 死亡 —— 對於我們是無足輕重的，因為當我們存在時，死亡對於我們還沒有來，而當死亡時，我們已經不存在了。因此者死對於生者和死者都不相干：因為對於生者說，死是不存在的，而死者本身根本就不

17　伊壁鳩魯追隨德謨克利特（Democritus）有關「靈魂原子」的説法。

存在了。」[18] 是故伊壁鳩魯指出，對死亡有所恐懼是非理性的，因為人們自身對死亡無從認識，是為無知的。

　　所以，死對我們是無。

一

　　伊壁鳩魯學說和蘇格拉底及柏拉圖的哲思之最大不同在於，前者強調最大的善來自愉悅（pleasure），沒有它就沒有善。所謂的愉悅包含肉體上與精神上的；肉體的愉悅是強加於我們的，而精神的愉悅則可以被我們所支配，因此對伊壁鳩魯而言，交朋友、欣賞藝術等是為愉悅之事。從另一方面去看，伊壁鳩魯強調自我的慾望必須被節制，只有平和的心境可以幫助我們忍受生活上的痛苦。所以伊壁鳩魯認為，在考量一個行動能否獲致愉悅時，必須同時考慮它所帶來的是細小、短暫的愉悅，還是更大、更持久、更強烈的愉悅。

　　再說，伊壁鳩魯區分了積極的和消極的愉悅二者，並認為消極的愉悅擁有優先的地位，乃因為它是一種「厭惡狀態中的麻醉般的狂喜」。人生在世，總有一些痛苦是我們避不開的，例如疾

18　伊壁鳩魯《致美諾寇的信》；參錄段德智：《西方死亡哲學》（武漢：湖北人民出版社，1994), 頁 354。

病所帶來的痛苦。伊壁鳩魯指出人既有其消極的愉悅無疑就是承認了如此的事實：縱然避不開痛苦也可以消除之，如消除對死亡和神靈的恐懼。就此，伊壁鳩魯引用了德謨克利特的原子論[19]去消解人們對於死亡和神靈的恐懼。

> 要習慣於相信死亡是一件和我們毫不相干的事，因為一切善惡吉凶都在感覺中，而死亡不過是感覺的喪失。因為這個緣故，正確地認識到死亡與我們無干，便使有死的我們愉快起來；這種認識不能給人生增加上無盡的時間，但是能把我們從對於不死的渴望中解放出來。一個人如果正確地了解到終止生存並沒有甚麼可怕，對他而言，活着

---

19 根據亞里士多德的記載，基留伯和德謨克利特都認為生命是通過身體的呼吸來維持的。構成靈魂的細小的、易動的、球形的原子因受到外界的壓力而不斷從體內逸出，就像宇宙中其他物體不斷擠出細小原子一樣。但呼吸可以補充這些原子，因為空氣中包含了「大量被德謨克利特稱為思想或靈魂的微粒。因此，當我們呼吸時，空氣進入體內，這些微粒也隨之進入了體內，致使壓力無效，從而阻止了動物體內靈魂的驅散。」因此，保持健康就是要使原子之間保持足夠的空間，使得外界的原子能夠進入。當補充的精細原子少於逸出的精細原子時，就會產生睡眠。如果所有的精細原子都逸出時，就會產生死亡。「因為當四周的空氣的壓力很大時，空氣就不可能從外面進入並控制它，由於不可能呼吸，死亡就隨之而產生；他認為死亡那是由於四周空氣的壓力致使這種形狀的微粒從軀體中離異。」
亞里士多德《論呼吸》472b30ff，秦典華譯，（北京：中國人民大學出版社，1992）208 頁。

時也就沒有甚麼可怕了。[20]

在伊壁鳩魯看來，萬物皆是由不可分割的原子所構成的，當中除原子外，只有虛空。由是理解，既然人的身體也是以一大堆原子組合而成，那麼人之死亡只不過是為一堆原子的消散。靈魂乃感覺之源，然則靈魂須存在於身體當中才得以進行感覺。人死後，其靈魂隨即離去或消散，而已然消散了的原子就不能再有感覺了，因為它們已不再與身體聯繫在一起，作為一整體了。[21] 一方面可見伊壁鳩魯不認為靈魂是為非物質性的，亦即指出，他謂靈魂該被視為物體，如是它才擁有進行感覺的能力。另一方面得知，伊壁鳩魯認為一切之好與壞都在感覺當中，而死亡既剝奪去一切感覺，那一切之好壞就與我們無干，那份對死亡所產生的恐懼感覺亦與我們無干。用伊氏的話來說，就是：「死亡與我們無干，凡是消散了的都沒有感覺，凡是無感覺的就是與我們無干。」[22] 正因如此，生前不用懼怕死亡；死亡只是生命的結束，不是壞事，害怕它乃是愚蠢無知的。

20　《致美諾寇的信》；參錄自段德智：《西方死亡哲學》（同上），頁 353-354。

21　《致希羅多德信（論自然綱要）》，收入《自然與快樂：伊壁鳩魯的哲學》，伊壁鳩魯著；包利民等譯（北京：中國社會科學院出版社，2004），頁 13。

22　《致梅瑙凱信（倫理學綱要）》，收入《自然與快樂：伊壁鳩魯的哲學》（同上），頁 31。

可以說，伊壁鳩魯運用物理學欲求消除人對死亡的恐懼。反過來說，他之所以需要物理學，全因為從物理學中人們得以認識自然及自然由來之成因，因此也就可以使人們清楚認識自己和明白該去追求甚麼與及避免甚麼。對死亡和神靈的恐懼，自當避免而已。

二

從另一方面看，人死以後就不再存在；已死者已然不可知覺有否天堂或地獄之事，故無足恐懼。伊壁鳩魯還很以為然地認為所謂的一切神靈，與人無異，不過是由原子組合而成，只是其組合較為鞏固，不易消散而已，因此人無畏鬼神。再者，他亦深信神靈並不會過問人世的事情，因為他認為任何神靈都是遵循伊壁鳩魯教誡的快樂主義者也，毫無理由促使人們去害怕他們；而人們也不用擔心會招惹神靈的震怒，或者害怕死後會在陰間受苦等等。

伊壁鳩魯沒有以物理學消除敬神的信仰。他對世人的提點乃是：即便人們總要服膺於天威，仍然有其自由意志，在生命的限度之內成為自己命運的主人。我們不能逃避死亡，但死亡並非甚麼壞事；按照伊壁鳩魯的箴言加以反思，我們總會免於面對死亡引致的痛苦。因為靈魂是可朽的，隨肉體而消亡。如此，

人們不必害怕死亡後可能遭受的折磨和懲罰。

　　但我們何以選擇篤信物理學，藉以找獲消除恐懼死亡的理據呢？為何我們不選擇另一種（些）方式予以消卻對死亡的恐懼呢？伊壁鳩魯申說的物理學能否見效呢？我們怎可以知悉他的物理學乃是真知識呢？或是伊壁鳩魯的物理學乃是他本人憑空所想的一套哲理呢？何以知道萬物皆是由原子所構成的呢？我們又如何驗證靈魂乃是原子構成的呢？我們能夠肯定人之死亡不過是為一堆原子的消散嗎？

　　對以上所列的問題，我們都不能給予明確無誤的答案。事實上，我們不能夠從親身驗證中得以肯定伊壁鳩魯的物理學為真與否。我們也不可能驗證靈魂是否由原子所組成，因為我們從未把握到靈魂本身或類似之物。我們根本不知道怎樣才能界定脫離了肉身的靈魂是會消散的。我們可以做的只有瞎猜或認為如是便如是了。伊壁鳩魯謂人們不用畏死，似乎只能給予讓人設想的安慰，未能給予讓人安心的理由。

三

　　若然伊壁鳩魯認為死亡不為人所能感覺，所以死亡不為人所要懼怕的，實有道理。其理在於指出，人們不用怕死亡本身，因為死亡本身無從被體驗出來。不過，說感覺死亡而感到害怕，

又未必一定是指感覺得了死亡本身故害怕它。在日常的話語裏，說怕死，就不是真的怕死亡本身，而是怕死亡帶走了生，亦即怕不再活着。所以，我們不用感覺得到死亡，也能因死亡而感到害怕。感覺，乃活着時才有；在活着之時怕死，實指人對死亡產生了聯想，從而因為聯想出生命不再之景象，故又產生了害怕感。進而論之，怕死即意味着留戀人間世、牽掛俗世之事了。

　　叔本華（Schopenhauer）談論伊壁鳩魯對死亡問題的看法時，說道：「（從伊氏對死亡問題的結論可知，）一切生物對死亡的恐懼和嫌惡，純粹是由盲目的意志產生，那是因為生物有求生意志，這種意志的全部本質有着需求生命和生存的衝動。此時的意志，因受『時間』形式的限制，始終將本身與現象視為同一，它誤以為『死亡』是為自己的終結，因而盡其全力以抵抗之。生命，實際上對任何人來說都沒有甚麼特別值得珍惜的。我們之所以那樣畏懼死亡，並不是由於生命的終結，而是因為有機體的破滅。實際上有機體就是以身體作為意志的表現，但我們只有在病痛和衰老的災禍中，才能感覺到這種破滅；若從主觀而言，死亡僅是腦髓停止活動，意識消失的一剎那而已，隨之而來就是有機體之所有器官停止活動的狀況，不過這狀況只是死後附帶的現象。因此，不管死亡如何令人恐懼，它本身實不是甚麼

災禍。」[23] 簡而言之，叔本華大體上同意伊壁鳩魯對死亡問題的看法，他藉伊壁鳩魯的看法續引申自己的解說。依他的意思，我們又可得着如下的說法：不是災禍的死亡本身不為人懼怕，人們真正恐懼的是身體的病痛和衰老。如是說，感到害怕也即是指感到身體的病痛和衰老所以害怕；人們之所以恐懼和嫌惡死亡，實質就是恐懼和嫌惡身體的病痛和衰老，而人們以其意志求生也實質即是欲求消除身體的病痛和衰老。

誠然，恐懼就是一種感覺，畏死也就是感覺而已。實質上，畏死就不是畏死，而是畏懼身體的感覺，因感覺帶來痛苦，因感覺帶來「死亡」的陰霾。說下去，感覺也不是純然實在的，我們感到痛和癢，但無法說明甚麼才算是痛和癢。感覺總是擬實似虛，無法被我們捉緊鎖定，縱然我們用感覺來定義感覺的種類。

對於「感覺不了死亡，所以不用畏死」的說法，一方面可稱讚，伊壁鳩魯一矢中的，點出了「死亡為無」這道理，但另一方面即暴露了他的說法之不可取，那就是伊壁鳩魯隱沒了人們真正恐懼之所以然。一言之，視「死亡為無」沒法熄滅人們對「死亡」的恐懼。再者，會否有某些人因感覺不了某種感覺而感到困

23　引文經筆者修改。中譯原文見叔本華的《死亡》，引錄自《得與失的智慧》，劉科軍選編；楊濤、李小兵等譯（武漢：長江文藝出版社，2009），頁 225-6。

惑繼而害怕起來呢？感覺不了死亡，不知死亡給予甚麼感覺來，會否成為令人恐懼死亡的因由呢？

由是看來，伊壁鳩魯謂人們不用畏死，也可以說他是以一種逍遙的態度處之。我們即使不指謂他以「靈魂原子說」作自我安慰，也不質疑他的學說之實證有效性，也不能很以為然地肯認他的話，故此也不能因他的話而感到安心。審視之，可以說伊壁鳩魯固然正視死亡而論死亡，但也可以說他實質跳離了闡釋死亡本身之路途。

第二節

死為無關痛癢之事

斯多亞學派，乃古希臘哲學家芝諾（Zeno）約於西元前 305 年左右創立的哲學流派。斯多亞（Stoa）這字詞源於 "Stoa poikile"，有着「屋頂的柱廊」（colonnade）的意思，反映着此學派之聚眾常在類近的建築下講學聚會。綜觀哲學史，斯多亞學派一般被劃分成三個時期，而其哲學則被分為邏輯學、物理學和倫理學三個範疇。早期的斯多亞學派認為，哲學家必須具有三種德性，那就是精確的邏輯訓練、淵博的自然知識和高尚的道德情操，三者並不相互分離的，而是結合在一起的。不過一般

說來，物理學和倫理學較為受重視，前者作為哲學的基礎，後者是為哲學的歸宿。[24] 在這裏探視死亡問題，主要從愛比克泰德（Epictetus）與及奧勒留（Aurelinus）兩哲人身上找尋反思價值。

一

這學派的基本主張是：宇宙是為絕對的理性，能夠提供人們「共同概念」（common notions），使人人具有共同的經驗，藉以形成知識、真理的一致標準。是故在斯多亞學說中，世界是被肯定為理性的，而人既作為世界理性的一部分，那就該避免理智的判斷受着感情影響的情況發生。對於理性之人來說，只有合乎理性的東西才具有價值，才有助於對其人和其幸福作自我保存。簡言之，在世的人之人生目標是要符合世界的理性，達致活出德性生活之標準，這是此派欲尋至的一個在哲學道路上的堅實依據。

這學派並不偏向依賴於任何外在之舉達德、造就幸福，正如

24　依據羅素（Russell）的說法，斯多亞學派的早期與後期之學說是截然不同的：在早期，其創始人芝諾是為一個唯物主義者，大致上揉合了犬儒學派與赫拉克利特的學說；然則後來由於滲入了柏拉圖主義而逐漸放棄了唯物主義，使得前後期的學說產生了改變。參《西方哲學史》，[英] 羅素著，何兆武、李約瑟譯（北京：商務印書館，2003），頁 319。

張祥龍先生說道：「在他們看來，『德性是自足的』，德性（美德）即幸福（唯有美德使人幸福）。」[25] 進而述之，張先生指出德性得以自足的理由 [26]：第一，德性是為不倚賴於肉體的靈魂狀態。第二，德性是為靈魂的健康狀態，按宇宙的節律活動，既不激昂，也不萎靡，而是充溢了智慧和意志的自制力，無憂無慮，內心安寧，所以它按自然本性生活。

如此看來，斯多亞學派採取與蘇格拉底和柏拉圖很為相近的立場：人之幸福乃是透過有德性的生活獲得的，有德性的生活是為人唯一的善，反之欠缺德性的生活便是唯一的惡；而德性也是以知識為基礎所立的。進一步說，這學派主張德性為一種主導性的功能，表示有德性的行為即是一種德性，從中排列出德性的「種」，如對「美德」、「行走」、「理解」等作出歸類；並謂有德性之人們與其友人，他們本身就是屬於好的。[27] 另說，按照自然本性（Nature），即順應宇宙法則與及理性去生活，也被視為有利於德性的。

25　引錄自張祥龍：《西方哲學筆記》（修訂版）（北京：北京大學出版社，2005），頁196。

26　見上，頁 196-7。

27　參章雪富：《斯多亞主義 (I)》（北京：中國社會科學出版社，2007），頁 198-203。

那麼，你會拿死亡怎麼辦呢？你所要做的事難道不就
是，讓它為你帶來榮譽，並因此通過具體的行動向世人表
明，遵從自然願望的人到底是甚麼樣子的？[28]

死亡在一般人看來或是惡事，但在斯多亞學派中死亡卻非如
此，它可以成為鍛煉行為的條件，猶如蘇格拉底敢於面對死刑的
態度被看成是德性的最高典範。在個人的生命裏，德性才是唯
一的善；行德與否取決於人之意志，活出或好或壞的人生也取
決於自己，旁人究竟沒能幫上甚麼忙。死亡本身，沒所謂好壞的；
沒所謂好壞的事物，就是獨立於人的自由意志之外的事物，因
此也就與人無關了。是故人之死亡，不可說壞；因人之死亡而
感傷痛，才成壞事，如能改變這種壞習慣，轉而勇於去接受死
亡，就是好事了。看斯多亞主義，至少在愛比克泰德那裏可知：
人死，沒所謂好壞，沒任何大不了，然則蘇格拉底之死被尊奉，
因為他之赴死並不成為行德的障礙，反之是為一種德性。從這
意義上說，只要死亡無涉左右德性之事，它就是無關痛癢的了；
面對自己或他人之死，不害德便不用感痛苦哀傷。

28　愛比克泰德著，《愛比克泰德論說集》第三卷二十節，王文華譯（北京：商務印書館，
　　2009），頁 383。

　　因為可怕的不是死亡和痛苦，而是對死亡和痛苦的恐
懼。因此我們讚賞這樣說法：死亡並不可怕，可怕的是可
恥地死去。[29]

　　死亡，既與人無關，也不為人懼怕。愛比克泰德引申蘇格拉
底認為「死亡只是唬人的怪物而已」的說法，一方面謂死亡沒甚
可怕，人們無須逃避它；另一方面也略為論說了靈魂與肉體的問
題。他認為靈魂與肉體終究是要分開的，將卑微的肉體與靈魂分
開來，也就是使可憐的、遭受凌虐的肉體復歸於平靜，如此也是
為好事，沒甚麼悲傷不好。顯然，愛比克泰德認同靈魂與肉體
乃可二分的說法，而且他與柏拉圖無疑，同樣認為肉體不甚好。
愛比克泰德還藉着論說肉體與靈魂之好壞，不但指出靈魂固然較
肉體為好，並且認定靈魂的愉悅屬於自由意志以內之事，總言
之就是為了證明從靈魂本身就可以找着「好」的本質已。愛比
克泰德坦言，人們該實踐如何去死的事情，這是人力所及之事，
也是人該去思索之事。由是，可見斯多亞主義傳承了柏拉圖學
說的一面，那就是無視於死之哀痛，亦無懼於死之威脅。不過
如此的視克制與平靜為美德，不也就是人際之間的一種冷漠嗎？

29　同上書，第二卷一節，頁 165。

二

　　審視斯多亞學派，可以概括地說他們認為靈魂是無所不在的神聖物質——普紐瑪（Pneuma）的一部分。這即是指，我們是宇宙整體的一部分，即為神的一部分，因為我們的靈魂分享了神的性質。[30] 靈魂既存於人們之中，那人們就該以理性過活或是在生活中展現理性來。那麼，人們在日常生活裏便該避開一切的壞事，以保全德性。在愛比克泰德看來，避免壞事就是人們的義務了。這麼說，人們往往欲求避卻死亡，那死亡就是壞事嗎？愛氏不以為然。他指出死亡乃無可避免的，因此死亡不是壞事；也因為死亡並非一種壞事，死亡因此不是不光彩的。從另一角度去看，死亡不為人們控制的，但人們能夠蔑視它，這意味着人們面對死亡也能作出選擇。由是，我們當然可以續說，人們能夠選擇對抗死亡，選擇抵抗無可避免的事實。不過依據愛比克泰德的原意，更為恰如其分的引申說法則是：選擇蔑視死亡，實質上亦即選擇了蔑視與它相關的東西；死亡之為死亡，意味着的乃是肉體的死亡，故此會死亡的肉體實質上乃人們能夠選擇去蔑視的。說準確點，愛比克泰德坦言肉體不僅為人們所能夠蔑視的，更該為人們要去蔑視的：「如果我關注的是自己可憐的軀殼，那麼，我

30　章雪富：《斯多亞主義 (I)》，頁 96-112。

就放棄了知我做了奴才了。」[31] 他甚至說：「假如在我獨自一個人的時候，有人走過來，想殺我怎麼辦？傻瓜，他殺的不是你，而是你的小小的軀體。」[32]

與伊壁鳩魯無異，斯多亞主義認為靈魂與身體互通，彼此有着相互作用，也因為如此靈魂並非無形體的。直言之，靈魂乃物體；分離只有於物體與物體間才可能出現，換言之靈魂與身體的分離是為物體間的分離，這才是可能之事。

由是觀之，斯多亞學人在接受柏拉圖的「靈魂與肉體二分說」之同時，又不認同柏拉圖堅持「靈魂不朽」的觀點。這固然反映了斯多亞主義肯認人性有着高低層次的一面；但從中又反映着這主義不致於扼殺人之情感。肯定人之理性與情感有着協調可能的觀點。如是說，實是在於引證斯多亞主義關注人的德性培育，與及着意善的價值之原則。

三

奧勒留作為晚期斯多亞主義的追隨者，非常關注道德反思的主體性問題，在其《沉思錄》（*The Meditations*）他從自我省察的

31　愛比克泰德著，《愛比克泰德論說集》第一卷二十五節，頁 131。

32　同上書，第三卷十三節，頁 366。

向度開展對心靈的自我檢討，藉以對至高善性的反省。

　　對於「靈魂不滅」的問題，他有如下的說法：

　　　　如果軀體死後而靈魂不滅，無數年後大氣中如何能容
　　得下那麼多的靈魂呢？……靈魂飛入空中經過相當期間之
　　後也要發生變化、解體，變為火，回到整個宇宙之創造的
　　理性裏去，這是我們對靈魂於軀體死後之不滅的假設所能
　　提出的答案。……這件事顯示了甚麼尋求真理的方法呢？
　　那便是通過對『物質的』與『形相的』之劃分。[33]

　　不難說，奧勒留汲取了並透過前人的學理思緒，得着找尋
「真理」之竅門。當中，他既揉合了赫拉克利特有關「火」和柏
拉圖對「靈魂不滅」的假定，亦可謂依從着亞里士多德提出的
「範疇論」對「物質」和「形相」作了區分。簡言之我們大可
認為，後期的斯多亞哲學實是一個集「百家」所長，並且反思「百
家」所長之思想孕育源流。

　　有關死亡，奧勒留說道：「關於死，如果宇宙是原子所積成
的，死便是原子之離散；如果宇宙是一個單一的整體，死便是斷

33　奧勒留《沉思錄》卷四第 21，梁實秋譯，（北京：中國華僑出版社，2012），頁
　　30。

滅或形態的變化」[34];「死是從感覺印象中獲得解放，也是從使我們成為傀儡的衝動中獲得解放，也是從對肉體所服的勞役中獲得解放」[35]。由此觀之，奧勒留和伊壁鳩魯一樣理解死亡會從身體感受解放出來，我們死了就沒有感覺，所以死亡也不值得可怕。他續說：「怕死即或怕無感覺或怕新感覺。不過既然沒有感覺，你便不會再感覺甚麼不如意事；既然是要換取另外一種新感覺，你便將有另外一種生命，但依然是生命。」[36] 真正的生命與軀體無關。與此同時，生命的重要不在乎長久，而是如何活在當下。他說：「縱使你的生命可以延展三千年，甚至三萬年，也要死一次而只是活一回，所以頂長和頂短的壽命都是一樣的。⋯⋯長壽與命短的人擁有的同樣只是『當下』，除此之外並沒擁有甚麼亦不會失去甚麼，所以長壽與命短的人實在沒有差別。」[37] 死亡不可怕，也不需要逃避，當生命的本質明白了之後，何時死亡便不再重要。「最重要的是，以愉快的心情等候死亡；須知一切生物皆由幾種原質組成，死亡不過是那幾種原質的解體而已。如果每一東西不斷地變化成為另一東西，沒甚可怕的話，

34　同上書，卷七第 32，頁 75。

35　同上書，卷六第 28 ，頁 59。

36　同上書，卷八第 58 ，頁 98。

37　同上書，卷二第 14 ，頁 15。

那麼對於一切事物之變動與解體又何須恐懼呢？死合乎本性，合乎本性之事不為惡。」[38]

38　同上書，卷二第 17 ，頁 16。

第五章

基督宗教哲學：死亡與肉身復活

第一節

永生與不死

　　在《聖經》中，死亡被視為一個必然的結果，一個因罪所成的結果，一個由罪而致的懲罰。保羅聲明，死亡乃是一個普遍現象，它證明人類已然有罪。（《羅馬書》 5:14）死罪，全因為人類始祖亞當（Adam）犯下的；他違背上帝的禁令，偷吃了分辨善惡之樹的果子，因此必得要死。（《創世紀》2:8~17）所以在《聖經》裏我們清楚得知，亞當墮落罪中，因而致使所有人同樣喪失了不死之身。保羅說：「因為『那一人（指亞當）犯罪』，因為『一次的過犯』，所有人都『被列為罪人』。死又是從罪來的：只要神用死作為罪的刑罰，罪就是死的起因。」（《羅馬書》

5:12）毫無疑問，人人都有一死，這證明所有人同樣犯了罪。

一

　　對於「原罪」我們可以提問，若亞當沒有犯罪，那麼所有人必然是不死的；又若所有人既是不死的，又如何能證明或知曉之呢？《聖經》沒有引證人有不死之可能；我們亦無從得知人能不死。我們所可能遇到的，就是在日常生活中人會死的實況，而我們也從《聖經》當中知悉死與罪的關係。人之為人，就是為罪人；故此審判乃是罪人所當得的（《羅馬書》6:23）。原來，我們作為人，就是作為有死的人；我們是為有死的人，就是因為我們有罪；因有罪之故，我們必得接受審判。然而，犯罪的不是我們本人，而是我們的祖先亞當，我們只是承受前人的罪過，延續永久的罪責。

　　如此，我們會否因必死而難過？又會否因原罪而感內疚呢？作為人群中的每一個人，之所以應然地背負責任，也要承擔後果，就只因為他／她盡作為人之本份時，也可能犯下罪過，故須為自己負責，同時彌補所犯下的過錯。不過我們會否為他人犯罪而作出抵償呢？我們甘願承受他人犯罪而帶來的惡果嗎？犯罪的是他人，無辜的我們願意蒙上罪人之污名嗎？他人犯了死罪，我們願意陪死嗎？這些問題該從倫理道德層面判準或以

「應然的目光」審視嗎？《聖經》似乎無意析之，只告知人們「每一個人最終與亞當連繫在一起，而亞當為他們在神面前的代表，所以罪就傳給全人類」（《羅馬書》 5:12）。由是觀之，每一個人因亞當而伏在罪與死之下，無從辯駁，也無所反抗，只得認命罷了。

　　人類具有神的形象，乃依祂被創造出來（《創世紀》 1:26-27），不同的是：神永存，人類卻會死。可以說，人類只有神的「形象」而已，並沒祂的「本質」。人類所欠奉的，其一就是「聖潔」。根據《創世紀》第二章，上帝創造的人類原是純潔無暇的，只是當人類受到魔鬼的引誘才犯罪墮落，失去了獲得知識以前的純潔。罪惡的起源，是故乃罪進入人之心、思想為始。析而論之，一方面得見罪惡不是根源於原始人性，原始人性有的只是自由意志而已，這反映的是人類有着作選擇之可能；另一方面可想及知識與善惡及死亡連繫在一起，這反映着知識為人類帶來惡果，也展示出人類在神面前必須是為無知的。那繼而可說之，犯下罪過以前的人類乃無知之人，縱然他們不死，其能力無甚，終是作為臣服於神的下人而已。但人類獲致知識後，其能力越彰，固然終須一死，卻有思索神與自己的存活之能力，更甚者有着抉擇信神與否的能耐。

　　如此看來，是否只有無知之人才會信神、屈從於神之下呢？

或反過來說，信服神之人皆是無知的嗎？

當然，這問題是已然被判定為罪人，並獲致知識的我們才可能提問的。《聖經》並不容許如此的罪人反思神，更遑論對神作出半點不敬。在它內裏，所有罪人只得知一個理應履行的選擇：信神。皆因信神，人類乃能獲耶穌基督救贖，獲神施予的恩典，得以被赦免罪過。因為如此，作為罪人的我們才有機會永遠脫離罪與死的挾制，得永生。總言之，信神得救；只有「信」，只有不問究竟的「信」才能獲得救贖。

二

基督宗教的救贖論是為一神學觀點，指謂有關耶穌基督的救贖之信仰意義，可以視為基督宗教哲學中的崇高表現，亦是《聖經》中最重要的主題。追根究底，人因罪與上帝隔離，人之生命因而被罪惡綑綁；另一方面說，罪使人成為被奴役者，救贖者之出現則是要廢除奴役，使罪人得以被釋放。從宗教的角度看贖罪的問題：毫無疑問，上帝就是救贖者，在舊約的《出埃及記》中，上帝將祂的子民從為奴之地引領出來；新約則預示耶穌基督將人從罪惡中解救出來。

大抵來說，基督宗教對末世的啟示和預言乃根據新約而

言[39]，耶穌基督以神的兒子之身份受死和復活是為對末世的確定，而耶穌基督的重臨就是宣告末世的終結。聖經中有關基督再來的預言和教訓，只示意其隨時性，而不指說出其即時性。在這意義上作參悟，可會得知二者之差異：隨時性自然地帶有即時性的意涵，但對即時性的關注或會失卻了隨時性的要義。

　　耶穌基督的降生、受苦和受死已然將死的意義和生的意義界定了。我們不可從單方面去看個人末世觀，不是關注個人怕死與否，也不是着眼於為了有善終的結果，該重視的乃是基督的復活給予的啟示。正如「與基督聯合」示意基督代表所有人受死和復活。藉此，基督為我們贖罪，並使我們有着得救的憑據；也表示基督與信祂的人同在，與他們相交，使這些信徒在與祂真正的合一裏得到力量。（《加拉太書》2：20）顯然，死後的結

39　根據蔡彥仁先生的引述，一般人慣以《聖經》中的《舊約》為猶太教之正典，然則就研究天啟末世現象而言，除了猶太「次經」與「偽經」（「次經」，即 Apocrypha，原意為隱祕之作；古典猶太《聖經》編纂者視之為不符正統的猶太經卷，欠缺了神聖性，而以馬丁路德（Martin Luther, 1483-1546）為代表的新教傳統將其排除於正統《聖經》之外。另一方面，「偽經」，即 Pseudepigrapha，原意為誤植作者姓名之作品，因作者群的姓名不詳，來源被受質疑，故被正統的猶太經典編纂者拒斥；基督教傳統亦不接納它們，以貶意標稱之）以及《但以理書》外，絕大部分的相關史料皆不在《舊約》之內。從另一角度看，後來的基督教史料（特別是其生成開啟至第二世紀中葉之間）便成為探索西方天啟末世思想的重要材料，當中直接相關的有《耶穌啟示語錄》、福音書裏的《馬可福音》第十三章；《馬太福音》第二十四章；《路加福音》第二十一章、使徒保羅所著的書信，以及置於《新約》卷尾的《啟示錄》。參詳蔡彥仁：《天啟與救贖：西洋上古的末世思想》（臺北：立緒文化，2001），頁 31-8。

局和審判不是基督徒倫理道德生活的前提。其前提該是我們在基督裏成了神的兒子，為人處事當以所蒙的恩相稱（《以弗所書》4：1）。不論我們或活、或死都總是主的人（《羅馬書》14：8）。因此，基督宗教的個人末世論不是以死為主題，並非彰顯死亡的優越性；人之死也不是其終極的關切。反之，所關切乃是生、是活的一面，是透過基督之死而復活的生命事實，乃是因基督的死和復活而被確定了的末世事實和永恒的生命。

三

　　在追求永生的願望中，基督宗教不像柏拉圖那樣強調自身靈魂的不朽性，而是轉而求助上帝，把自己的「不朽」與全能的上帝關連起來。對他們來說，唯有透過上帝的救贖，人類命運的更新與死人的復活才得以實現。「若沒有死人復活的事，基督也就沒有復活了。若基督沒有復活，我們所傳的便是枉然，你們所信的也是枉然；並且明顯我們是為神妄作見證的，因我們見證神是叫基督復活了。若死人真不復活，神也就沒有叫基督復活了。因為死人若不復活，基督也就沒有復活了。基督若沒有復活，你們的信便是枉然，你們仍在罪裏。就是在基督裏睡了的人也滅亡了。我們若靠基督只在今生有指望，就算比眾人更可憐。」（《哥林多前書》15：13-19）

　　在此，他把人類永生的希望交付上帝，而耶穌的復活正是作為人類復活的保證。透過個人的終極關懷（即永生的盼望）與對基督的信仰相結合，更加強了信徒的信念，也使得基督信仰的傳播更為有效。這就是莫爾特曼所謂「信仰把人同基督連結在一起，希望則使信仰面向基督的無所不包的未來」[40]。期望復活是基督宗教形成時的一種功利思想。

　　根據基督宗教教義，復活的是完整的人 ── 一個心身整合體，而不是靈魂的或肉體的部分。在希臘傳統中，靈魂的價值總是高於肉體，並且可以獨立於肉體而存在。因此，它在死亡發生時可以自動脫離肉體的束縛，有機會回到神的故鄉，所以它是神性的。死亡在這個意義上，並不是一種威脅，反是一種解脫。與此相反的，有些學者卻認為「復活只是在最後之日重新組合人的身體，包括原來一切的結構與功能」。

　　事實上，這兩種看法都不符合聖經原意。保羅對復活的型態做了如下說明：「死人復活也是這樣：所種的是必朽壞的，復活的是不朽壞的；所種的是羞辱的，復活的是榮耀的；所種的是軟弱的，復活的是強壯的；所種的是血氣的身體，復活的是

40　Jurgen Moltmann, *Theologie der Huffnung*（《希望神學》），Chr. Kgiser Verlag, Muenchen,第 12 版。轉引自《20 世紀西方宗教哲學文選》下卷（上海：生活‧讀書‧新知三聯書店，1991），頁 1779。

靈性的身體。」（《哥林多前書》 15：42-44）

「靈性的身體」與「血氣的身體」相對照，表示他是揚棄了「必朽壞的、羞辱的、軟弱的、血氣的」這些惡的特質，而重新擁有「不朽的、榮耀的、強壯的、靈性的」這些善的特質。問題是我們怎麼去理解這裡所謂「靈性的身體」呢？如果它只是像柏拉圖所謂的靈魂，那麼靈魂如何是「強壯」的呢？而且這與《創世紀》中上帝造人的情形不符，又與復活的基督不符 -- 復活後他有吃有喝，而且有骨有肉。（《路加福音》 24：30、39-43）如果他只是一具軀體，那他如何是一個「有靈的活人」呢？而且當他不再擁有過去的記憶，他如何還是他自己呢？

所以，比較合理的解釋應該是一個「心身整合體」的復活。所以，奧古斯丁解釋保羅所謂「靈性的身體」，指的不是純粹的屬靈的身體，而是順服聖靈的身體，這是恰當的。

基督宗教徒相信肉體的復活和不朽。他們相信，大約二千年前，耶穌 —— 天主之子和天主自身 —— 在巴勒斯坦道成肉身，除了罪孽，在任何事情上接受了人的條件。耶穌基督是受難者，是彌賽亞，被判處死刑並釘在十字架上，在他臨死之前和眾門徒共進了最後的晚餐。他提前將自己的生命獻給了他的朋友們和那些將來信奉他的人們。他想將人們從壓迫他們的苦難、痛苦以及令人絕望的死亡中解救出來。為此，他求助於一種在人間

可實現的新生活，一種自由、友愛、通往永恒的新生活。於是他第一個通過復活從死亡到達永生，他並且承諾有一天會回來，他們也將通過復活進入永生。

「所謂生命意味着有生命的東西不斷更新」。因此死亡乃是生命的必然結果。環境為好的事務提供便利，消滅那些有害的，對那些沒有表現出利弊的新事物則讓其等待。命運就掌握在每個人自己的手心裏，「復活在我，生命也在我」。試着接納和緩解他人的痛苦，尤其是最軟弱和最窮困的人（即被耶穌是為我們的救星），使我們的世界變得更有人情味、更加幸福。這樣，即使你在失去生命之後，也會獲得復活，獲得通向永恒的生命。反之，若是將他們扔到絕望之中，人類將會淪落到暴力和冷庫之中，你也會痛苦而絕望的死去，永世不得超生。

對於基督宗教徒來說，苦莫過於不能修補罪孽，無法戰勝死亡。遭受此苦難的人定是那些不做他所願意的好事卻做他所憎恨的壞事之人。比如發動戰爭的狂暴之徒，他們身上的某種瘋狂讓他們去發動一場任何人也無法控制、最終連發動者也一併掃蕩的災難，犯下了滔天罪行。從另一方面看去，在基督徒中，瘟疫帶來的死亡率遠遠小于在其他人中間。事實上，基督徒不是將患者扔到大街上而是照顧他們，因為他們知道自己將得到永生。可見人之苦在於罪不能補。

第二節

信仰：思想之進退

　　也許可以說，宗教性的關注使人感悟到人死的日子勝過人生的日子；又或許人死的日子是人活着時就應當關注的事，如此從宗教意義去看，人依神所示從善是因為他期盼有所「善終」。

一

　　當宗教信仰取替了理性思維，是否意味着人們放棄了思考？信仰高於理性，是否倍加篤定人們的處世態度，還是埋沒了人們的心智，使其自我否定或自我蒙蔽？[41] 這些問題揭示着：不論如何，信仰須容許哲學批評，才顯見意義。 無從否定，基督宗教後於古希臘哲學而起，在人類已然累積了頗為豐碩的知識成

41　有關中古時期 (The Medieval or Middle Ages) 審視基督教信仰的問題，詳參 R.E. Sullivan, "The Middle Ages in the Western Tradition: Some Reconsiderations", in B.K. Lackner and K.R. Philip eds, *Essays on Medieval Civilization* (Austin, Texas: University of Texas Press, 1980). 另外，透過馬克思 (Karl Marx) 的說法，我們可以對宗教與及神學作多一步的深思。在他看來，宗教、神學的本質是超驗的、外化的人之思想，然則哲學並不如是；哲學應起始於有限、現實，承認感覺的首要性，換言之哲學不應如宗教或神學那樣從上帝或絕對存在處開展出來。這是因為作為神靈的活動不是人的自我活動，在宗教中人的幻想、頭腦和心靈等自我活動並不取決於個人本身的，而是屬於某種異己的、自我喪失的性質。見大衛・麥克里蘭著，《馬克思》，王珍譯（臺北：博雅書屋，2008），頁 89 及 133。

果之歷史階段成形的。從這意義上作審視，基督宗教思想當會融合了前人的賢思哲理，不僅包含「思」之部分，更着意以「理」服人。但亦顯然可見的是，基督宗教信仰取代了古希臘的人本理性基調，主張以上帝為中心作為處世觀，時刻強調虔誠奉神的信念。就此在基督宗教的教義下，人們已被禁絕偶像創作，上帝的形象因而並非出自人的想像，而是得自上帝對人的顯靈已。從另一角度看，即見古希臘人以為「神長得像人」的人本立場已轉變為基督教認為的「人長得像神」之定調了。這一改變實然地反映着宗教信仰的超越性及其神祕性，明示出「神乃不為世人的理性所能把握或經驗」此真理。

正如齊克果（Kierkegaard）所說：亞伯拉罕是為真正的信仰騎士，他聽從神的指示殺子獻祭的行動，全為一宗教性價值，反映的是忠誠的教徒只着意信仰神的大能、信仰荒謬，相信神所指示的一切規條。[42] 若反過來說，信徒是否欠缺了能力循理性之途引證自己的信仰呢？又或者問：信徒是否受信仰所限，沒能確鑿地引證信仰的真偽？這又是否揭示了宗教信仰的限度？

信仰與理性思維，真的互為矛盾、各不相容嗎？

42　參看齊克果著，趙翔譯，《恐懼與戰慄》（*Fear and Trembling*），（北京：華夏出版社，2017）。

二

　　當然，宗教信仰並不一定非理性的，基督宗教信仰可謂如
是。然而，基督宗教終究沒有予信徒審視上帝的真實存在與否之
空間，也沒設法導引信徒對上帝、聖經與及教義作反思性的批
評。在很多方面，基督宗教和現代的自我觀大異其趣，如齊克
果所說：「亞伯拉罕是為真正的信仰騎士，基督宗教只接納自
我的偶然性（the contingency of the self），堅決反對自我的自足性，
其理由是每一自我都只是被造物，他／她的出現完全源自上帝愛
的呼召，他／她每一刻的存活，都要仰賴上主的大能。[43] 在這意
義上，基督教信仰縱然有其理性的滲注，也只可能說是一種合
乎其信仰原則與邏輯的理性而已，當中對上帝的依從乃是必然
的構成分。

　　那麼，我們可否只抱持「宗教感」而已，不陷落於宗教信仰
的規限呢？「宗教感」是否一種信仰呢？它與宗教信仰有別嗎？
有着「宗教感」之人，能否為富於哲思之人呢？

　　關子尹就探討「意向性與宗教感」的關係，得出了一點見
解。他認為「宗教感」作為一種純粹意向，正是指人在追求綜合
調和的世界時所產生的一種與神（或信仰）相關的「觀感」或「純

43　關啟文：《基督教與後現代自我觀的對話（二）：「我被愛故我在」》，載《中國神
　　學研究院期刊》32 期，2002 年 7 月，頁 6。

粹意向」。[44] 將「宗教感」看成是一種意向，大為疏離了它與信仰的親密關係；亦可以說作為意向的「宗教感」並不是信仰，不是歸依於某一宗教的一種信仰。不過說「宗教感」為「觀感」或「純粹意向」，實則明言人人皆有之，如是則亦可視之為人寄存於自身的信念而已。因此「宗教感」也是一種信誠，它與一般信仰有別，在於它不囿於宗教規條之制約，有着跨越宗教或無宗教界別的特質。

康德（Kant）討論道德善惡時提出了「意念」之說，指出人在道德意識層面上有抉擇從善從惡的自由，也因而人有被歸罪的可能。就此，康德詮釋人之抉擇道德善惡便不關涉神的存在與否的問題了，這也即是說，康德總會認為人的道德認知與神無干，無所謂依信仰擇善捨惡。[45] 然則康德並非捨棄了神，他在《實踐理性批判》（*Critique of Practical Reason*）中提出了著名的「德福一致說」及對神之存在有所論證。綜觀康德的立場，可說他不

---

44 見關子尹：《意向性與宗教感：從現象學的觀點看宗教問題》，收入《在求真的道路上：賀沈宣仁教授七秩之慶》，黎志添、劉國英、張燦輝編（香港：中華書局，2003），頁 204 至 210。

45 雖然《宗教》對道德惡（尤指自由與歸責概念之間的關係）的討論該不涉於與神關涉的範疇，但這也難以否定康德不再抱持在以往奠定的觀念。見 Kwan, T.W. "The Idea of God in Kant's Moral Theology", In: *Dialogue & Alliance*, (New York, Vol. 1, 1987)，頁 57；另參 Reardon, B. G. 1988. *Kant as philosophical theologian.* (Basingstoke: Macmillan Press), p.145-156.

致於在理性論說中直現對神之信仰，而是如關先生所言，乃展露了一種與神相關的「宗教感」來。直言之，康德的「宗教感」很是強烈，以致我們多會認為他定必聲言道德生活的基礎該建立於對神的信仰之上，因為對神這一「觀念」必然地成為實踐理性之最為基礎的設定。不過康德所信仰的神可以當成是「人文」的成果，只具有象徵意義而已，並不作為歸涉於任何宗教底下所備受尊崇的對象。[46]

如此一來，我們可以認定具「宗教感」之人，大可是為富於哲思之人，康德便如是了。樂於反思的人，究竟成為信奉某宗教的信徒、忠於某一信仰為好，還是只抱持「宗教感」處世為好？這該視乎我們願意成為樂於反思的人與否。

三

從中國哲人的向度去看宗教問題，可參唐君毅與勞思光的說法。唐先生在《人生之體驗》裏提及，我們之所謂的宗教信仰、所謂的「神」，原是指我們之內在精神，作為我們的精神所要

46　關子尹《康德的「人文」宗教觀》一文提及「道德宗教」時指出，神只是「人文」的成果，只具有象徵意義，見 Kwan, T.W. "Kant's 'Humanistic' Conception of Religion", In: *Tunghai Journal*,（東海學報）(Taichung: Tunghai University Press, Vol. 24, 1983), p.120.

發展到之一切；如是說，即指「神」具備我們可以要求的一切價值理想之全部，他是至真至美至善完全與無限。因此之故，我們想到他，可安身立命，才願意永遠皈依他。但我們想着「神」之至真、至美、至善、無限，與完全，使我們更深切的反省到，我們自己之有限不完全，我們所見的宇宙之有限與不完全。也因此之故，我們得以認識到人生根本是可悲的，人生根本是在一悲劇世界中。當中最大的悲劇，是我們要超越我們實際的悲劇世界，旨意去實現至真至美至善無限完全之「神」之命令，而實際上我們不能做到。[47] 唐君毅這番話實告知我們，我們理應透過所謂的宗教信仰、所謂的「神」來感悟最深的人生悲劇，藉以達成心中最深的人生悲劇感，體味人生的真實感情，了解人生最嚴肅的意義。換句話說，我們藉宗教信仰、「神」去反省吾身，所去發省的與及醒悟的皆為我們本人，這即指我們依存自己去反省自己，終歸不假借外在之一切來達成我們的價值理想。

　　勞思光曾審視「人文和神權」的問題，着眼於分析「宗教意識與宗教現象」二者，指謂宗教意識所追求的，乃是「超越自然的超越性」，必為是在這個世界以外的另一種東西。然而，對這

---

47 參引唐君毅著，《人生之體驗》，收入《人生三書》，霍韜晦編（北京：中國社會科學出版社，2005），頁 75-77。

種超越性的描寫，一切宗教也就只是依據屬於經驗世界的內容而定或引申出來的；這即是說，在世的人們凡談論一切屬於「彼岸」的問題，皆用已然滲注了經驗內容的語言示之。[48] 換言之，宗教所謂的超越性實是源於人自身的創造，其自身是否真的為一種超越，一種跨越現世的、作為非現世經驗之存有，便成為疑問了。因為如此，正如「信者得救」的訊息所示：信，就是信徒的本份，「永生」自留有其餘地；非信徒「不在話下」了。

四

　　首先要記住我已說過的話：無需乎『事功』，單有信仰就能釋罪，給人自由和拯救。

　　　　　　　　（馬丁・路德：《論基督宗教徒的自由》）

　　如馬丁・路德所言，人們僅僅有信仰就能釋罪，獲取自由和被拯救，如此的話，信仰的威力可謂至高無上；信仰，對人來說甚有意思和價值。不過馬丁・路德的話乃針對基督宗教徒說的，相信亦只有他們能夠忠信他的話。但我們並不以挖苦信徒為樂事，也並非偏激地批評信仰之事。

48　見勞思光著，《文化哲學講演錄》（香港：中文大學出版社，2002），頁 77-85。

　　信仰，在任何宗教角落裏，可比擬是一種「忠誠」；具高度
虔敬神之心的人自會散發「信仰的威嚴」，也自會造就出一種
「權威的形象」來。當代有着「加爾各答的天使」之美譽的天主
教慈善工作家德蘭修女（Blessed Teresa of Calcutta）可謂如是者。
回顧她的一生，清楚見證到她的善行：終身侍奉窮困的人。她猶
如天降於世的聖人，在塵世處處顯現非凡人能及之的為善精神。
可想及之，德蘭修女的一切為人所樂道。但人們又會否樂於想
一想，德蘭修女面對自己或及他人的死亡時有否絲毫恐懼感的
問題呢？

　　在俗世裏過活的「聖人」，是否皆不畏死的呢？他們如能不
畏死，那全是僅僅因為信仰之故得以如是嗎？因信仰，不畏死，
不易為之。

　　聖・奧古斯丁（St. Augustine）在他的《懺悔錄》（Confessions）
裏說道：「天主負擔了我們的死亡，用祂充沛的生命銷毀了死亡，
用祂雷霆般的聲音呼喊我們回到祂的身邊，到祂那神祕的聖殿
處……吾人不再永處於死亡之中。」如此之話，因為有信仰才
有之；如此之話，乃是忠於信仰的表證。如是說，要驗證信仰
之真偽，或者測試信仰的忠誠度，實不易為。我們終歸不能得
知聖・奧古斯丁本人真心相信自己的說話不，也不能得知他本
人畏死不。

　　提及信仰之真偽與忠誠，不可不說及《舊約》中約伯的故事。約伯被形容為上帝的最忠誠信徒，上帝喜愛他賜予他七子三女、眾多奴僕、數以千計的牲畜，使他成為東方很有名望的人。然而，某日魔鬼向上帝提出質疑，指斥約伯的忠誠乃是偽裝的，並與上帝打賭，藉毀去約伯擁有的一切以測試約伯的忠誠。上帝答應了。如是者，一切災禍降臨約伯身上，他的家財不但盡喪，而且子女悉數橫死，不過可憐卻堅貞的約伯也能逆來順受，依然敬神如舊。不幸的是，魔鬼獲得上帝准許，致使約伯全身患惡瘡。在遍體受盡煎熬的七天七夜後，約伯最終開言埋怨，咒罵自己之生不如死了。為此，上帝斥責約伯，迫令約伯不再為自己的無辜受害強辯。最後，約伯不敢與上帝對質，縱然沒法知悉他何以受難，也只好臣服上帝，繼續讓上帝作他的主，獲取加倍的祝福。

　　信仰，乃是對神的絕對服從。信仰，不是虛偽，也不是偽裝可以得來的，但反過來說，我們也沒能驗證出信仰之絕對純潔性，也沒能保證忠誠的信徒們毫無「異心」。因信仰，不畏死，不易為之；若然可以，即是一個奇蹟來了。宗教信仰不免樂於闡述與創造奇蹟，忠誠於信仰本身，就是一個奇蹟了。

第三部分

中國哲學傳統

中國哲學傳統

第六章

儒家：樂生安死

第一節

「未知生，焉知死？」

《論語・先進》記載了孔子與其弟子季路的一番話——

> 季路問事鬼神。子曰：「未能事人，焉能事鬼？」
> 「敢問死？」曰：「未知生，焉知死？」

一

從孔子簡約的回應可知，他並不着意探知死亡。又或者說，死亡本身對他而言並不重要，重要的是人之生命或生存。鄭曉江先生對「未知生，焉知死？」這話便有如下解說：儒者的死亡智慧雖然一方面教導人們不必為死及死後的世界太費心思；但

另一方面則告誡人們要把心性的養煉、德性的培育置於人生終極價值追求的高度，如此便可從對死亡的百般恐懼中解脫出來，「盡人事以俟天命」，同時還可沉積出某種死亡降臨時的微有欣喜之感的安然態度。[1] 依鄭先生所說，我們可以直言，孔子重視在世的人生，重視人生在世所立的種種德行。

以孔子之言指陳，即重禮、義、仁之建立。所以，對人須行禮──「生，事之以禮。死，葬之以禮，祭之以禮。」亦須行義──「君子義以為上」（《論語·陽貨》）及「見利思義」（《論語·憲問》），強調思與行須符合道義，而行義則要符合禮的規定。更甚者，就是要行仁[2]──「苟志於仁矣，無惡也」；「我未見好仁者，惡不仁者。好仁者，無以尚之。惡不仁者，其為仁矣，不使不仁者加乎其身。有能一日用其力於仁矣乎！我未見力不足者。蓋有之矣，我未之見也」；「何事於仁，必也聖乎？堯舜其猶病諸！夫仁者，己欲立而立人，己欲達而達人。能近取譬，可謂仁之方也已。」

不問死，只着眼於生，從而修身立德。這樣子，便可以無懼

1　引錄鄭曉江：《中國死亡智慧》（臺北：東大圖書股份有限公司，2001），序論，頁7。

2　許倬雲先生言，孔子提出「仁」的觀念，是將人性與宇宙之間的道，結合為以人間秩序為主軸的思想體系；正因「仁」之故，於是宇宙、人世、心性⋯⋯都可統攝於儒家的思想以內。見《萬古江河：中國歷史文化的轉折與開展》（香港：中華書局，2006），頁89。由是觀之，「仁」的觀念與其實踐，最為儒家所講究的。

於死，還真的可以沉積出某種死亡降臨時的微有欣喜之感的安然態度？若說，面對死亡而不懼，已然並非人人能為之；面對死亡而安然樂之，實是聖人賢者才達。實然，大多數人縱然生時修身立德，總不能不過問死。既然人生有死，亦即死亡必為活人所要面對的，不問死就說不過去了。

　　不知死，就是一種無知；知死而不究之，又是另一種無知。孔子豈會不知死，他實不過問死而已。那他無知嗎？非也。他既知死而不究死，就是做了取捨，選擇審視人之生的一面，而捨卻探查人死後如何的問題。究生不究死，乃孔子的偏向，如此的選擇出於哲思，不是無知之知，反之盡了為人知其所能知而行其所能行的表現。所以，綜觀他的言說，找不到半點明言人死後或死者本人行禮、義、仁的闡述。要是與死相關的，其一被看到的，乃孔子對喪葬事宜的論說。

二

　　喪葬，可謂是集合着行禮、行義、行仁的中國習俗。[3] 《孟

3　從舊石器時期的原始社會始，中國人的祖先已有埋葬死者的方式：在死者的屍骨旁撒放其生前用的石珠、獸骨一類的裝飾品。如此方式反映了當時人們的信仰，顯示出一種原始宗教觀念來。有關中國的喪葬禮俗文化，參王貴民：《中國禮俗史》（臺北：文津出版，1993）。該書主要從先秦時期始，至宋元明清為止，詳論了中國的喪葬禮俗之特色與演變。

子‧滕文公上》曰：「蓋上古嘗有不葬其親者，其親死，則舉而委之於壑。他日過之，狐狸食之，蠅蚋姑嘬之。其顙有泚，睨而不視。夫泚也，非為人泚，中心達於面目。蓋歸反虆梩而掩之。掩之誠是也，則孝子仁人之掩其親，亦必有道矣。」顯然，儒家着重喪葬的倫理性，強調的是孝子的慕親報恩、慎終追遠、不忘其根本的仁人之心。

不過對於厚葬之事，儒家並不支持，反之薄葬為儒家主張的，如孔子說：「有，毋過禮；苟亡矣，斂首足形，還葬，懸棺而封。人豈有非之者哉！」子游就葬具之事請教孔子，孔子應道須考慮家庭的實際經濟狀況而定決。子游續問，家庭狀況各有貧富，有沒有統一的禮的規範呢？孔子認為，經濟條件許可的，不應厚葬過禮；經濟條件不足的，只要衣衾可以遮掩屍體，殮後即下葬，又怎麼會有人責備他失禮呢？「人豈有非之者哉！」此句話便說明了孔子反對當時社會上的厚葬風氣。由是觀之，得知孔子對喪葬有着「立中制節」的由衷見解。

儒家重視的就是人之所能成禮、義、仁的現世觀，如此一來儒家確是把原始社會以降的神靈觀念端入於社會倫理範疇以內去認識與處理，淡化對信仰的倚重之餘，彰顯的乃人文精神之實踐義。因為如此，儒家向來對死後世界並不着意，對死亡本身也不堪注視。所以，孔孟都沒有直視死亡的意義；反之可以說，

他倆不過問死亡本身是為甚麼，因為死亡本身對他們而言並沒價值，它沒能潤色生命的意義，它只為生命的意義劃上句號而已。

三

再說，孔子對「死亡」的看法對中國廣大百姓產生的深遠影響是：人們忌諱「死」而重視「生」；在民間則衍生了所謂「好死不如賴活」的諺語，與及得着了認為「生」與「死」皆為「命」定的看法。[4] 或許，以上種種現象可以視為乃對孔子學說的扭曲或誤讀，不過從中卻可以獲致一些理解：人們總將生與死看成是對立的；人們認識到生死皆必然的，是故死也許不為人們畏懼然則也不為其所樂；死，就是不及生，甚或有負於生。若說，如此的理解歸源自孔子對死亡的看法，實不無道理。顯然，在孔子看來，生死並非如一，有所謂「生生」、「好生之德」之講法，但無「死死」或「好死之德」之說。儒家學者自會認為，人們該有「生生不息」、「珍惜生命」的精神，以修養心性，以配「天德」；死亡之義，不直現當中。死，外於生也。

死，外於生；死亡是為生命過程當中的一個對象而已。

但視死亡為生命中的對象，實質並不將死亡置之不理，猶如

4　鄭曉江：《中國死亡智慧》（臺北：東大圖書公司，2001），第一章，頁16。

認為它與生命分離，或是與生命無關。反之，因死亡作為對象之故，尤顯見它與生命有着無可分開的糾纏，也因此導致了難於避免的問題與困擾出來。

第一，死亡作為對象被看待，很自然使它與生命形成對立。對立的生與死互為衝突，死亡乃成為生命的威脅。在樂生的前提下，死亡必不得負載價值，否則就不是死亡了。第二，將某事物對象化，易於演化成將某事物當成是一事件去看待。就死亡被對象化的問題，海德格（Heidegger）曾作深究。他指出，將死亡現象等同於一般日常生活意義下的事件，蒙蔽了死亡隨時隨刻可能發生之實，遮沒了存活的真相。因為事件可以是偶然地呈現的，人們因而慣於去預計它的發生，也因為養成了預期與計算的習慣，人們總會認為死亡事件尚未到臨，以為它多會在人生的「盡頭」才至。如花朵的「凋謝」對盛開中的鮮花而言就是尚未到臨；「最終目的地」對還是在旅途中的人們來說就是尚未到臨。換言之，一旦死亡被看成是生命中的最終一站，人們便以為現在的生總會去到將來的死。死亡乃在盡頭，可以為活着的人等待、預算。

認為死亡乃生命的威脅，實為活着的人帶來困擾，使其憂心生命不再；以為死亡可以被等待、預算，或許減降了死亡為活着的生命所造成的威脅，但如此的想法實質上就是一種自欺，況且只要一日為人，誰又能夠一直蒙騙自己呢？實然，將死亡

對象化，沒能安於生，皆因沒能安於死。由此觀之，自有道理源出於「未知生，焉知死」此話，然則如此哲理亦奈何不了問題與困擾從中衍生。

儒家將死亡對象化，或犯了強詞奪理之謬誤。儒家看生死，未算將兩者分化，強行抬舉生之價值而貶抑死的地位。死，雖則不如生，但死不為儒家漠視的；皆因死生同樣源由天命，君子自遂知之：「死生有命，富貴在天」（《論語・顏淵》）；「不知命，無以為君子也」（《論語・堯曰》）。

儒家知天命，對人之生和死不無有着大徹大悟之可能。不過孔子縱然洞察天命，也未能全然地對他人之死亡釋懷。當他最為喜愛的學生顏淵死後，他悲從中來道：「噫！天喪予！天喪予！」（《論語・先進》）顯然，孔子對顏淵之死感到哀痛，毫無掩飾他的悲慟之情。可以謂孔子哀死；這即指謂他流露出對生命的珍惜，流露一種出自人際關係之間的溫情。[5] 藉哀死，看到儒家在認同和順應天命時表現出來的鮮明的人文精神。

孔子哀死非為悖逆天命之表現，他哀死因為他以生為貴，他非惡死也。死生既為命，惡死怎會是孔子樂於尊崇之道呢？儒家知天命，樂生不樂死，也不惡死，而是安於死。

5　見陸揚：《死亡美學》（北京：北京大學出版社，2006），頁40。

第二節

殺身成仁與捨生取義

　　儒家說仁，是否真是說說而已？仁，是否只於論說層面而立，僅僅作為一種認知概念？在生活中說仁，是否已然是為行仁呢？仁，如何才稱得上實踐出來呢？

一

　　牟宗三論述仁之時特別提到，孔子不把仁當成一個概念來下定義，也不是從文字上來訓詁；他表示孔子是從人們的生活作指點，透過人們當下從心之安與不安來指點仁。這也就是指出，孔子並不是用知識的態度來講仁，他根本從始就是從實踐上來關心的，關心的乃是自己的生命。[6] 換另一角度來看，儒家的仁沒有包含特殊的具體內容，因此可以適用於任何時代與地域，具有普遍性；而且，它的普遍性並不遮蓋實際境況的特殊性，反之包涵着這些特殊性。依如此的意義去看，與他人相感通，就是能夠設身處地了解或體察他人的願望與感受，藉以達致「視

6　　參牟宗三：《中國哲學十九講：中國哲學之簡述及其所涵蘊之問題》（臺北：學生書局，1983），頁 48-50。

人如己」的境況，平等對待他人與自己，不作偏袒。由是觀之，仁成就了儒家倫理的無私與利他的精神。[7] 惻隱之心如是，殺身成仁如是，皆是為無私與利他地踐仁的表現。仁人無懼死，以死成仁。

> 志士仁人，無求生以害仁，有殺身以成仁。
>
> （《論語·衛靈公》）

可以說，對儒家而言，不仁不義毋寧死，反之可見，儒家如是的重視行禮、行義、行仁，就是欲活出真理——「觀乎天文，以察時變；觀乎人文，以化成天下。」[8] 成禮、成義、成仁，乃真理的實現；既活出真理，那就無懼於死，也即安於死了：

> 朝聞道，夕死可矣。

二

孟子的「捨生取義」傳承了孔子的「殺身成仁」之精神。

孟子曰：「魚，我所欲也，熊掌亦我所欲也；二者不可得兼，

7　參黃慧英：《儒家倫理：體與用》（上海：三聯書店，2005），頁 175-6。

8　儒家人文精神的元典，大可追溯至《周易·賁卦·象傳》；「人文」一詞源於此：「天文也，文明以止，人文也。觀乎天文以察時變，觀乎人文以化成天下。」當中「觀乎人文以化成天下」一語奠定了儒家文化的精神基調，亦即意謂人文精神。

舍魚而取熊掌者也。生亦我所欲也，義亦我所欲也；二者不可
得兼，舍生而取義者也。」（《孟子·告子上》）

　　孟子的「捨生取義」說為人所共知，它的旨趣是要人們得知
與實踐「盡其道而死者，正命也」此義理。對孟子而言，生命
固然為人所喜歡，死亡則為人所厭惡，然而還有較生命更為人
所喜歡之事；也還有較死亡更為人所厭惡之事──前者就是「取
義」，後者則是「捨義」。顯而易見，「行義」，較一切來得重要，
是人生在世的最高旨趣。

　　唐君毅就孟子之「即心言性」有所論說，指謂自心對自然生
命之超越義，即指心之可主宰決定形色軀體之自然生命之存亡。
因心之故，人在平常之時日，自愛其父母之遺體，藉之以為踐
形成德之具。更因心最為所欲的是仁義，所以人可在欲義欲生，
不得兩全之時，捨身取義，殺身成仁。這兌現着孟子常言之「一
簞食、一豆羹，得之則生，弗得則死，呼爾而與之，行道之人
弗受，蹴爾而與之，乞人不屑也」；「富貴不能淫，貧賤不能移，
威武不能屈，此之謂大丈夫」。[9] 牟宗三在其《五十自述》中亦
對孟子之「心性」說有所闡釋，他謂，道義由心覺發，個體生命

9　參引唐君毅《中國哲學原論·原性篇》，霍韜晦編（北京：中國社會科學出版社，
　　2005），頁 17。

助之亦違之；不能得此存有，得之而不能充其為存有，不能盡慧命之相啟與相續，則此存有之意義缺。人能否發其慧根覺情以致太和，一如個人之能否盡其性，一民族之能否盡其性，同其艱難，同其神祕，而不可思議。正如孟子說道：「仁之於父子也，義之於君臣也，禮之於賓主也，智之於賢者也，聖人之於天道也，命也，有性焉，君子不謂命也」。牟先生固然與唐先生無異，同樣認定孟子最為重視人們契道顯道弘道的「盡性至命」之工夫，然而牟先生也提及心覺之限制，表示「聖人之於天道」之工夫無有窮盡也，多少說出了孟子之謂「心」、「性」之實踐的艱難與限度。[10] 由是說之，人們能否盡其心性踐形成德，在欲義欲生，不得兩全之時，捨身取義，殺身成仁，乃不得而知；唯常人之「行義」之艱難，其個體生命之所限，在其沉淪之途中卻是顯而易見。

三

　　盡其道而死者，正命也。桎梏死者，非正命也。

　　　　　　　　　　　　　　　　　　　　（《孟子・盡心上》）

10　參引牟宗三：《五十自述》（臺北：鵝湖出版社，2000），頁 156-61。

　　從孟子的「正命」之說中，可見「立命」之應然法則，乃就是終一生致力於修身，不當憂慮生命之長短。以另一個說法說之，生命的長短不為人所能定奪，乃人不能外求的，然則人若有忠於修身的態度，自能超脫生死問題的困擾。勞思光從孟子所說的「正命」與「立命」處得着他的見解：殀壽固是被決定，人之心意行為亦能摧殘自身的生命，人因而不應憂慮生死問題，也不應摧殘自身生命。人必有死，但能盡其道，則其死只表一事實。如此，生命由始至終，無悖義理，乃德性之生命也。[11] 德性生命，實可超脫生死帶來的困憂。易言之，儒家學說既透露了個體生命有其所限，亦闡釋出其德性之實踐乃是超越其所限之正途。

　　是故殺身成仁與捨生取義，乃德性之實踐也，實為超越個體生命之所限、惠及他人之壯舉。不論是孔子還是孟子，他們行事，循理直道，一切盡其在我，反求諸己，並不因「天命」所及而否定了人之所為；「天之歷數在爾躬，允執其中」（《論語‧堯曰》）[12] 一語得以清楚見證之。再者，「盡其在我」的行事方式也正好指明，儒家之「道」與人之性情的「共相」不分不離，

11　參勞思光：《新編中國哲學史》（臺北：三民書局，1984），頁 199-201。

12　「天之歷數在爾躬」之意：歷數，謂帝王相繼之次第；猶歲時節氣之先後。故歷數在爾躬，猶云天命在爾身。「允執其中」謂汝宜保持中正之道以膺此天之歷數。見《論語新解》，頁 704。從中可見「事在人為」之意味。

寄託了「人能弘道，非道弘人」的信念。[13] 依如此的意義審視赴死之舉，大可判別如何擇死才是行仁行義了。

　　蘇格拉底堅忍地接受了他的判決，捨生赴死，旨意維護公義，免去破壞法律權威之罪責，終究彰顯他一生所貫徹履行之德行，實是一種他所忠於追求的德性，也有着儒家所言的「道德」意涵。所以他的死踐仁踐義，達及德性之「不朽」。如是者，德性生命乃是不朽的生命，這是從精神方面去說的，若然觀視肉體方面的話，則沒有「不朽」可言。

四

　　中國人也有另一種所謂超越個體生命之所限，達致生命之「不朽」的想法，那就是「傳宗接代」的觀念。這觀念可謂由來已久，它與中國人傳統的家庭倫理分不開，如此又要先說說何謂「家」了。

　　根據《說文解字》的記載：「家，凥也。從宀。」清段玉裁注：「家，本義乃豕之居也，引申假借為人之凥。」可見，「家」

---

13 見《論語·衛靈公》篇。道，指人道。道由人興，亦由人行。見《論語新解》，頁578。另見黃克劍 (2006)，《由「命」而「道」——先秦諸子十講》，（北京：綫裝書局），頁68。

字象徵「房子」（穴），底下有一隻豬（豕），它原是指養豬的地方。就「家」的引伸解釋，還有《易・家人》裏的說法：「人所居稱家，是家僅有居住之意。」是故經考證，又得着「豕」乃「眾」的誤寫之說，而因為「眾」是「族」的古體字，所以逐而得出「一族人住在一所房子裏便稱之為家」的講法。[14] 因此之故，「家」反映着聚眾或聚族而居的景象，而意味着當中的人乃有着血緣關係的。從「家」去看，也就通達出一事實：中國傳統以來人們皆群婚聚居，過着氏族或部落式的生活。

> 人性有男女之情，妒忌之別，為制婚姻之禮；有交接長幼之序，為制鄉飲之禮；有哀死思遠之情，為制喪祭之禮；有尊尊敬上之心，為制朝覲之禮……故婚姻之禮廢，則夫婦之道苦，而淫辟之罪多；鄉飲之禮廢，則長幼之序亂，而爭鬥之獄蕃；喪祭之禮廢，則骨肉之恩薄，而背死忘先者眾；朝聘之禮廢，則君臣之位失，而侵陵之漸起……禮節民心，樂和民聲，政以行之，刑以防之。禮樂政刑四達而不悖，則王道備矣。
>
> （《禮樂志》卷 21）

---

14 相關對「家」字的考據，參劉鷗鷗：《從傳統到啟蒙：中國傳統家庭倫理的近代嬗變》（北京：中國社會科學出版社，2005），頁 1- 5。

　　從中所謂及的「婚姻之禮」，自是思源於儒家學說之「禮」；男女婚姻才成「家」，成家立室不是自然而然之事，而是在制約中謀求的目標。大可歸言：家，既是彰顯中國人傳宗接代的標記，也是奉守中國傳統文化思想之地。傳宗接代不是純粹為個人欲求或可好可惡之事，它是必須的，因為它關涉儒家倫理的宗旨：「以孝為先。」無可否定，傳宗接代確然超越個體生命之所限，從「類的存在」這向度達致生命之「不朽」，不過如此的不朽又是否只是一種替代，以新生命延續前人之命，以同一的替代形式達成不同個體的不朽性？不朽，不知從何說起。

第七章

道家：

死生自然

死而不亡

　　道家思想的核心是「道」，老子曾在他的著作中說：「有物混成，先天地生。寂兮！寥兮！獨立而不改，周行而不殆，可以為天地母。吾未知其名，強名之曰道。」（《道德經》第 25 章）老子認為「道」是宇宙的本源，也是統治宇宙中一切運動的法則。這一觀點被後來所有道家流派支持，成為道家最基礎的核心。

一

　　有關「道」是為宇宙本體，乃萬物之根源的說法，見《道德經》25：

有物混成，先天地生。寂兮寥兮，獨立不改，周行而不殆，可以為天地母。吾不知其名，字之曰道，強為之名曰大。大曰逝，逝曰遠，遠曰反。故道大，天大，地大，王亦大。域中有四大，而王居其一焉。人法地，地法天，天法道，道法自然。

有關「道」作為統治宇宙中一切運動的法則之說法，見《道德經》42：

道生一、一生二、二生三、三生萬物。

「道」生於天地萬物之先，獨立長存於萬物之外，不斷循環運行，遍及天地萬物，絕不止息。由是觀之，應知「道」本是玄妙深奧的，常人難以理解及形容。因此若用言語來描述「道」，該被描述得來的道就不是真正的「道」了。如是說，當宇宙萬物形成之際，人類會給萬物命名，但都不是事物真正的名字，因為天地萬物都是由「道」衍生出來的。《道德經》：

道可道，非常道，名可名，非常名。無，名天地之始；有，名萬物之母。

皆因一切由「道」而起，故生死亦無異；也因生死隨「道」而至，故生死本身不為有無，亦言之就是「生而不有，死而不

亡」也。

二

　　要談論中國人講的「道」，不可不提道教之說。但當我們一提及「道教」一詞，又是否只會聯想起漫天神妖的故事，或者上香拜神的景象？道教，與道家固然有別，它是為一宗教，供奉多神，而它崇奉神靈的原則是「崇尚德行、敬仰賢能」，故此道教神靈與人的關係尤為密切，往往帶有作為人的色彩。[15] 有關生死方面，道教極為重視養生，有着「我命在我不在天」的說法，意謂人能夠通過修煉，延年益壽至「永久」，得道成仙人。[16]《太上老君內觀經》曰：「道不可見，因生以明之；生不可常，用道以守之。若生亡則道廢，道廢則生亡。生道合一，則長生不死。」[17]《上清洞真品》曰：「人之生也，稟天地之元氣為神為形，受元一之氣為液為精。天氣減耗，神將散也；地氣減耗，形將病也；元氣減耗，命將竭也。故帝一迴元之道，泝流百脉，

15　有關道教崇拜、神妖故事的解說，見梁德華、吳真、陳凱風：《道·醮：漫天舞動的道教崇拜》（香港：香港道教聯合會，2007）。

16　同上，頁10。

17　《道藏要籍選刊》（第一冊），胡道靜、陳蓮笙、陳耀庭選輯（上海：上海古籍出版社，1989），頁129-30。

上補泥九，下壯元氣，腦實則神全，神全則氣全，氣全則形全，形全則百關調於內，八邪消於外。元氣實則髓凝為骨，腸化為筋，其由純粹。真精、元神、元氣不離身形，故能長生矣。」[18]

由是觀之，道教謂人之生命的形成源於道，故生命須合於道，若能持守於道則可長生，反之失道無道則亡。從養生的方面看，人修道則養形神，而求長生之道必離不開精、氣、神；只有三者相互依存，形神合同，才能長久。因此，要長生則要保全身心，也即保全精、氣、神之生命根蒂，修道就是唯一之法。續言之，相關道教所採用的修道養生之方術，包含內外丹、存思、守一、服氣、房中等，皆以期生與道合，繼而得道成仙。[19]道教重視人得道成仙，如是說，其養生之道着眼的就不只是現世的「生」，也重視死後的「生」。所以道教之謂「長生不死」實非單單意指人之不死乃其在世之不死，在世的人能夠不死乃其得道為神仙之故，然而何謂「神仙」或成為「神仙之形態」者，實難以考據。

說在世之人經養生得以保全身心安泰，不成疑問；因此而長

18　《道藏要籍選刊》（第一冊），頁 387。

19　對道教「生道合一」與「得道成仙」的探討，參詳范恩君：《道教神仙》（北京：宗教文化出版社，2007），頁 44-50。

生，可以延年益壽，也不難接受；但能安然不死，永保形神俱全，便只可視為神話了。

三

《道德經》的第 6 章：「谷神不死，是謂玄牝」；第 10 章：「專氣致柔，能如嬰兒乎」；第 21 章：「窈兮冥兮，其中有精，其精甚真，其中有信」；第 42 章：「萬物負陰而抱陽，沖氣以為和」等，不無導引出人之能得以「長生」與「不死」的因由為何。但當中所能夠說出之「長生不死」實不以眷顧肉體或志向成仙為終，究竟以「大道」為前提，亦以「大道」為依據為歸宿。正如劉笑敢先生指出，自然乃老子思想的中心價值，而自然的最基本意義是指主體不受外界直接作用或強力影響而存在發展的自發狀態。[20] 由是，道教所強調的「形神合一」或生命的精、氣、神相互依存之說，不可說沒能見之於道家的學說之中，但反之欲指出道家如同道教般，旨意人修道養生以求「得道成仙」以能「長生不死」，則不為苟同了。

道家強調一切皆自然無為，「生死氣化，順應自然」自是它所主張的基本觀念。死亡故為人所不能避免的，但人之死亡實是

20　劉笑敢：《老子》（臺北：東大圖書公司，1997），頁 89-90。

自然之事，乃是對自然的一種回歸。如此去看，生和死無非都是自然的現象。因生死皆自然的，所以老子稱謂，人若不執着於自己的生命，反而可以較好保存之。這說法關係及他提出的「無為」、「寡欲」等想法。他謂及的「道」既是超越俗世的永恆存在，因此如人能順應自然而同於道，那麼得道的人也就可以超越世間的有限而達致與道同一的無限境界了。

> 死而不亡者壽。（《道德經》33）

老子告知人們：凡是有道之人，即使去世了，人們也不會忘卻他，如此就是真正的長壽。如此的「長壽」也就是與道同一的極高境界，乃是對世俗一切的超越與昇華。

四

最後，我們略談「魂魄」與「鬼神」之事。在道教中有所謂「三魂七魄」之說：「三魂」指「天魂、地魂、人魂」，三者皆存於人之精神中。於人去世後，「天魂」歸天路；「地魂」歸地府；「人魂」則徘徊於墓地之間。直至死者再度輪迴，三魂才會重聚。「七魄」指「喜、怒、哀、懼、愛、惡、慾，生」，它們全存於作為物質的肉身之中，人去世後，它們也就消失不復有。簡單來說，魂指謂人之精神面向，而魄則意謂人之肉身。

　　道教的「魂魄」觀念以着重「魂的不死性」為主，這從煉內丹術方面就得見：

　　《太一金華宗旨》：「一靈真性，既落乾宮，便分魂魄。魂在天心，陽矣，輕清之氣也。此自太虛得來，與元始同形。魄，陰也，沉濁之氣也。附於有形之凡體，魂好生，魄望死，一切好色動氣，皆魄之所為，即識神也。死後享血食，活則大苦，陰返陰矣，以類聚也。學人煉盡陰魄，即為純陽。」

　　但進而究之，「魂的不死性」並非道教的終極關懷。若從道教的「魂魄」觀進而探討倫理學的問題，可得見道教的不死觀，與及道教本身奉行的「不死」之信念，從中可以理解到道教歸根究底重視的，乃是人死後的「自由」與「德福一致」之問題。[21]

　　另一方面，道教稱道，人死後即會變成「鬼」，如《太清玉冊》卷五：「雖修道而成，不免有死，遺枯骨於人間者，縱高不妙，終為下鬼之稱。故曰鬼」。道教認為修道多年之士透過施展咒語或運用特殊的符咒，能夠控制鬼，以致驅使鬼來行事，又或者志成於降伏鬼怪等。綜觀中國的文化世界，與道教相關的文學作品便有《西游記》、《八仙過海》及《白蛇傳》等；

21　參李坤達：《死亡與不死：臺灣俗民道教魂魄觀的死亡哲學研究》。此文為臺北東吳大學哲學系 2003 年碩士論文。

而在中國人的傳統習俗裏，例如帖春聯，換門神和雄黃酒等，便是與驅鬼避邪有關的了。

　　鬼神崇拜為中國古代原始宗教意識之一[22]，當中墨子的尊天、明鬼思想為道教所吸取，由是道教被認為是依託墨家，反過來說可謂墨子學派是為道教的思想淵源之一。此外，鬼神信仰與五行觀念結合形成的五方五色神靈，反映了五行思想與鬼神信仰的互相影響，這也為道教吸收，成為其鬼神系統的重要來源之一。[23]

　　能夠提出及論述「魂魄」與「鬼神」之事，很為玄妙。道教的種種學說不無道家哲理於其中，更為準確地說，道教實則將道家學說豐潤了，不但更為繪形繪聲地側重於某些方面的刻劃，

22　先人由於不懂得人的生死現象及做夢等生理活動，以為有獨立於人體之外的靈魂，人死了便成為鬼，遂產生鬼魂崇拜，這種崇拜又與祖先崇拜交織在一起。周代把崇拜祖宗神靈與祭祀天帝統一，稱為敬天尊祖。周人所崇拜的鬼神已形成天神、人鬼、地祇三個系統，成為後世道教多神信仰的淵源，尤其符籙派的符咒科儀，多與古代的鬼神祭祀有關。春秋戰國時，理性主義高揚，但社會上仍有人力圖證明天的意志與鬼神是存在的，這從《墨子》的《天志》和《明鬼》等篇章即可看出。

23　秦漢時代，對天帝鬼神的祠祀日漸增加。漢初劉邦增祀五帝。漢武帝即位，尤敬鬼神之祀，封泰山禪里父，遍祀五嶽四瀆，新增許多神祠，最尊者為太一神，除病和征戰等都向太一神祈禱。秦漢社會這種強烈的鬼神信仰與崇拜為道教的產生培植了適宜的宗教氛圍，並為道教所繼承發展。見卿希泰主編《中國道教史》第一卷第一章第二節，（成都：四川人民出版社，1988）。李養正《道教概說》上編第一章，（北京：中華書局，1989）。

也顯然偏向了自我引申與詮釋的地步。道教講「魂魄」與「鬼神」之事，不難給予人們感到或神祕，或虛構，甚或油然生趣之實。然而，如此的神祕、虛構與逸趣之事，卻難以從道家學說中顯見，或者難以從中聯想出來。這是因為相較道家與道教兩者，自可識別一為從哲學思慮中得致的學理，另一為從哲理當中衍生出來的玄想。

　　道家，不着墨講「魂魄」與「鬼神」，皆因二者不在於「大道」上；談論「魂魄」與「鬼神」，並不是「順應自然」之事，也不是對世俗一切的超越與昇華。反之，「魂魄」與「鬼神」之事關涉死後存在的問題，這是從俗世的目光裏對「不死性」的一種崇拜或欲求，不關乎老子謂的「死而不亡」也，不為道家般看透生與死。

　　　出生入死。生之徒十有三，死之徒十有三，人之生生，
　　動之於死地亦十有三。夫何故？以其生生之厚。

　　　　　　　　　　　　　　　　　　　　　　　　（《道德經》50）

第二節

齊生死

　　莊子妻死，惠子弔之，莊子則方箕踞鼓盆而歌。惠
子曰：「與人居，長子、老、身死，不哭，亦足矣，又鼓
盆而歌，不亦甚乎！」莊子曰：「不然。是其始死也，
我獨何能無概然！察其始而本無生，非徒無生也而本無
形，非徒無形也而本無氣。雜乎芒芴之間，變而有氣，氣
變而有形，形變而有生，今又變而之死，是相與為春秋冬
夏四時行也。人且偃然寢於巨室，而我噭噭然隨而哭之，
自以為不通乎命，故止也。」

　　　　　　　　　　　　　　（《莊子・外篇・至樂第二》）[24]

一

　　莊子妻死鼓盆而歌的故事人皆知之。在莊子看來，死生乃是
自然規律：氣聚則生、氣散則死。他構想出生死與氣之聚散有着
關連，這是他論生死時強調的一種想法，不過實質上他與老子無
異，同樣認為生死都是自然而然的，死不過是安息於自然而已，

24　引錄自陳鼓應：《莊子今注今譯》（中）（北京：中華書局，2008），頁450。

正如他認為生死就像春夏秋冬四時運行一樣。

　　大可說，莊子申論「氣之聚散」得致「齊生死」的觀念。他不將生死分立，反之使兩者的間距盡化於無，如他說：「生也死之徒，死也生之始，孰知其紀！人之生，氣之聚也；聚則為生，散則為死。若死生為徒，吾又何患！故萬物一也，是其所美者為神奇，其所惡者為臭腐；臭腐復化為神奇，神奇復化為臭腐。故曰：『通天下一氣耳。』聖人故貴一。」（《莊子・外篇・知北遊第一》）生死既如一，生起死滅也純粹是一氣之變化而已，死又何用悲哀？

　　　　向吾入而弔焉，有老者哭之，如哭其子；少者哭之，如哭其母。彼其所以會之，必有不蘄言而言，不蘄哭而哭者。是遁天倍情，忘其所受，古者謂之遁天之刑。適來，夫子時也；適去，夫子順也。安時而處順，哀樂不能入也，古者謂是帝之縣解。（《莊子・內篇・養生主第三》）

　　人之哀死，莊子一而再地告知我們乃沒需要的。死亡不必為人害怕，人死亦不用悲哀。

　　但如此輕鬆自若的態度，為一般人所能把持嗎？我們面對親人、友人的死亡，莊子所謂的「氣聚氣散」的說法實不足以讓人釋懷。畢竟人之生死不首先被看成只是氣的聚散問題，著顯

人前的乃是人生而必關係至的血緣景況，即人與人之間的緣分、親密關係。在世的每一個人毫無疑問地定然有其關係至的血緣網絡，所以既是為人，我們確實難以設想與及認同莊子妻死仍能鼓盆而歌此事。也許說，莊子本人能夠「至人無己」，忘卻了自身的存在，進入至物我齊我的境界，故可以擺脫因生老病死、喜怒哀樂所帶來的情感衝擊。然則這實在是至人以外之凡人所難以理解及做到的。當然，莊子亦言「我獨何能無概然」，表示他不是無情絕情的，不過猶如他般將人之生死看得如斯透徹、連一時三刻的感情都能灑脫抹掉的，畢竟是少數罷了。要是凡人，就脫離不了情感的糾纏，哪有見過凡人可以面對親人之死而樂而歌呢。

> 達生之情者，不務生之所無以為；達命之情者，不務命之所無奈何。養形必先之以物，物有餘而形不養者有之矣；有生必先無離形，形不離而生亡者有之矣。生之來不能卻，其去不能止。悲夫！世之人以為養形足以存生；而養形果不足以存生，則世奚足為哉！雖不足為而不可不為者，其為不免矣。（《莊子・外篇・達生第一》）

「生之來不能卻，其去不能止。悲夫！」莊子指出，生命的來臨無可拒絕，生命的離去亦無可阻止，實是可悲。然而這種

可悲，終究非真正之悲，並不痛苦的。

　　在道家看來，不能順應自然的人生才苦。在一切順應自然的前提下，生和死也不該強求，否則就是破壞了人生的自然本性，會反受其害。莊子由是不憂慮生死問題，而是憂慮對生死強求之事——喜生悲死，這樣就會遠離「道」，從而陷入痛苦之中。

　　人生得着痛苦，在於它沒能順應自然。

二

　　在莊子看來，生命之為真正悲哀，乃相對於個體存在這層面而言的。他在〈齊物論〉、〈駢拇〉和〈知北遊〉三篇裏分別寫道：

　　　一受其成形，不化以待盡。與物相刃相靡，其行進如馳，而莫之能止，不亦悲乎！終身役役而不見其成功，苶然疲役而不知其所歸，可不哀邪！人謂之不死，奚益！其形化，其心與之然，可不謂大哀乎？人之生也，固若是芒乎？其我獨芒，而人亦有不芒者乎？

　　　　　　　　　　　　　（《莊子·內篇·齊物論第二》）

　　　夫小惑易方，大惑易性。何以知其然邪？有虞氏招仁義以撓天下也，天下莫不奔命於仁義，是非以仁義易其性與？故嘗試論之，自三代以下者，天下莫不以物易其性

矣。小人則以身殉利，士則以身殉名，大夫則以身殉家，
聖人則以身殉天下。故此數子者，事業不同，名聲異號，
其於傷性以身為殉，一也。

（《莊子‧外篇‧駢拇第二》）

　　人生天地之間，若白駒之過郤，忽然而已。注然勃然，
莫不出焉；油然漻然，莫不入焉。已化而生，又化而死，
生物哀之，人類悲之。解其天弢，墮其天袠，紛乎宛乎，
魂魄將往，乃身從之，乃大歸乎！

（《莊子‧外篇‧知北遊第五》）

　　莊子指出，人一旦稟受成形體，只會終生勞勞碌碌、疲憊不
堪，可悲可哀不斷；加上形體總會逐漸枯竭衰老，人的精神則困
縛於其中隨之消毀，即如追求仁義之事，也就傷害本性、犧牲
自己也。所以，人生就是莫大的悲哀。無可否定，人之在世為
有形體的存在，每一個體必然如此，是故人生若是悲哀的，每
一個體皆不能幸免。我們大可認同莊子之說：個體在天地之間，
沒有不會不變化衰萎的，沒有不會不死去的，悲哀自從中來。
人，生來固然悲哀，悲哀之人生即使順應自然，那就真的能夠
脫離人生之悲與哀嗎？人之順應自然，是否一種屈從？這又是
否一種悲哀來的呢？

　　傅偉勳先生認為，莊子的生死觀源自人的無可奈何、悲愴淒涼之感，此感之所以然乃歸因於人無法把握自身的生死。[25] 無疑，莊子曾曰：「死生，命也，其有夜旦之常，天也。人之有所不得與，皆物之情也。」（《莊子‧內篇‧大宗師第二》）他又藉孔子謂：「死生存亡，窮達貧富，賢與不肖毀譽，饑渴寒暑，是事之變，命之行也。」（《莊子‧內篇‧德充符第四》）說莊子以知天命順天命的態度視生死乃出於無可奈何，不為過；說悲愴淒涼之感因此而起，也不無道理。

　　因此之故，莊子在世樂於逍遙。莊子之逍遙，達致超生死之境地；超生死乃臻求趨向無限的精神價值。如是，個體之所限與其悲哀，也自能超脫。

　　但試問：每一個人能夠不顧及、不在意自身之死嗎？若然生命之所以悲哀，乃是對有死的個人而言，那麼生命也就不可能脫離悲哀了。審視生命要漠視個人的生命，沒道理可言；歸宗自然為生命的所依所據無問題，但這是大道理，處身俗世那層面的每一個體卻不必然見之。

　　如此高尚的目標，不為凡人達之；拋開對俗世死生之喜哀，

25　參看傅偉勳《死亡的尊嚴與生命的尊嚴：從臨終精神醫學到現代生死學》（臺北：正中書局，2010）。

有違人之常情。道家論死生，為凡人營造一理想境地，讓凡人嚮往，也令凡人只存憧憬而已。怪不得莊子談人生論死生時說道：「彼至則不論，論則不至。明見無值，辯不若默。道不可聞，聞不若塞。此之謂大得。」（《莊子・外篇・知北遊第五》）他早已區分何謂得道與非得道，換言之也判別了在世之人定有非得道的一群。

三

　　在《致死的疾病》（*The Sickness unto Death*）當中，齊克果直接點明了「絕望」（despair）才是「致死的疾病」，這即意味着絕望較死亡更為令人感到害怕；或者說，人們真正恐懼的是絕望而非死亡。絕望何以萌生呢？當人偏缺了自我肯定，以一種失衡的狀態處於自我與他人的關係張力中，便是陷入絕望之中。這時，只有信仰才能拯救陷於絕望苦海的人。齊氏對絕望的成因與解救之法的論述，在此我們不用多深究。現在所要深思的是：絕望，莊子如何處之？他的哲學有否消解絕望之效能呢？

　　絕望，作為「致死的疾病」，與死亡無異，終歸對應個人而言的。換個角度來看，個人之絕望與死亡同樣令人陷於困境，同樣不為人所樂道。死亡，個人沒能擺脫，定得要受；絕望，也是如此嗎？齊氏認為信仰能夠避免絕望，此外別無他法。那

莊子有其信仰嗎？莊子之妻死鼓樂，是否一種抱持信仰的表現？莊子一生有否絕望過呢？可以說，沒有絕望因此也不用信仰，對嗎？忠誠上帝的約伯一旦失去了上帝施予的愛，被上帝離棄，面對的就是真正的信仰帶來之真正的絕望了。由是可以說，絕望，也源自信仰之故？

　　想及莊子順應自然的態度，大可知曉他從沒絕望之時。稱謂他順應天道乃因信仰之故，也難為之。不過說莊子沒有絕望，指出當中的因由乃是他對其自我有着肯定，沒有失陷於自我與他人之間的失衡狀態中，很是有理。這相應地表示了，道家之順應自然，原是一種對自我的肯定，並且「行道」得以超越個人之得與失，與自然人和相互協調和諧。由是，看莊子，絕望也就不見得如何可怕，雖則可以設想它作為疾病乃致人於死地的，定然令人痛苦非常。再看莊子，信仰也就不見得是唯一消除絕望之法，至少莊子以至道家沒有標稱信仰之事。

　　絕望，不見於莊子之超生死的態度內裏；對莊子而言，不論致死之病還是死亡之痛，向來不包含任何絕望的意味：

　　　　古之真人，不知說生，不知惡死；其出不訢，其入不
　　　距；翛然而往，翛然而來而已矣。不忘其所始，不求其所
　　　終；受而喜之，忘而復之，是之謂不以心損道，不以人助

天。是之謂真人。(《莊子‧內篇‧大宗師》)

概而言之，道家既重視「順應自然」、「順應天道」之事，那就不欲求以人力來變更自然、天理了。「不忘生，不求死，隨遇而安」，這是真人的生死之道。信仰與絕望，乃人為之事，亦為人為所至，又何嘗為道家稱道呢。

道家推崇備至的這種生死之道，實發揚了中國死亡文化中的審美價值來。這樣說，全因為展現死亡的審美價值之契機見於道家的生死觀內：莊子的死亡哲學予人多方聯想，它發展着一種樂於死的價值取向，但無須如西方的宗教傳統那樣尋求上帝許諾在彼岸得永生，也因此高揚的乃是人格精神的價值，其精神足以在天地萬物之間長存，充盈至無限的宇宙去。[26]

如何樂於死？這在「髑髏托夢」的故事裏見之：

> 莊子之楚，見空髑髏，髐然有形。撽以馬捶，因而問之，曰：「夫子貪生失理而為此乎？將子有亡國之事、斧鉞之誅，而為此乎？將子有不善之行，愧遺父母妻子之醜，而為此乎？將子有凍餒之患，而為此乎？將子之春秋故及此乎？」

---

26 見陸揚：《死亡美學》，頁38。

　　於是語卒，援髑髏，枕而臥。夜半，髑髏見夢曰：「子之談者似辯士。視子所言，皆生人之累也，死則無此矣。子欲聞死之說乎？」

　　莊子曰：「然。」

　　髑髏曰：「死，無君於上，無臣於下；亦無四時之事，從然以天地為春秋，雖南面王樂，不能過也。」

　　莊子不信，曰：「吾使司命復生子形，為子骨肉肌膚，反子父母妻子閭里知識，子欲之乎？」

　　髑髏深矉蹙頞曰：「吾安能棄南面王樂而復為人間之勞乎！」

　　　　　　　　　　　　　　　　（《莊子・外篇・至樂》）

　　莊子不但不懼於死，更可以樂於死。死亡，他以灑脫和豁達的、無牽無掛的態度看待；在莊子那裏，死亡不再恐怖與玄祕。只不過常人不是皆為「真人」，常人之「說生惡死」乃是家常之事。總的來說，莊子之樂於死，非所有中外哲人所能望其項背；對常人而言，「樂於死」更非常態，或是病態。如是設想的話，莊子之生死觀究竟為人們掃走死亡帶來之恐怖和玄祕，還是徒增了人們思慮死亡之患得患失感呢？這只怕我們要成為莊子本人才弄得清楚明白了。

第四部分

死亡與人之存在

死亡與人之存在

第八章

海德格：向死
之存在

第一節

死亡的可能性

　　海德格在他的《存在與時間》(*Being and Time*)[1] 裏對死亡作出主題性分析。由是他作為現象學家 (phenomenologist)，以現象學方式論述死亡之故，死亡獨特地被詮釋為一種「現象」(phenomenon) 來審視。就此，我們自會摸不着頭腦，因衍生的問題是：如何解釋死亡為一種現象呢？這如何可能呢？

1　Martin Heidegger. *Being and Time*. trans. John Macquarrie & Edward Robinson. (New York: Harper Collins, 1962.) 海德格《存在與時間》陳嘉映，王慶節合譯，（北京：生活·讀書·新知三聯書店，1987），陳嘉映修訂版，2000。後簡稱為 "BT"。

一

　　在日常生活裏，我們可以說出某人之死，可以勾勒步向死亡的行為與情景，也可以描繪人們為死者而做的種種事情；然而，我們能否對死亡本身有所得知？能夠道出死亡本身是為甚麼嗎？顯而可知，我們不能直說出死亡為「何物」，因為死亡未到之時還在生的我們未能體驗死亡，只不過一旦死亡到臨己身我們便隨即死去，也沒能體驗死亡。所以，旨意說出死亡本身是為甚麼，未見得是可能之事。是故要對死亡本身有所描述，就是一種「詮釋」的工夫了。那麼海德格如何詮釋死亡呢？一言之，他解釋死亡為一種存活的可能性（possibility）。

　　其着眼點是要凸顯「可能性」在存活當中的首要性。這即是說，海氏對詮釋存活的可能性很以為然，旨於揭示可能性乃存活的真相，予人們顯然知之。

　　「此在能夠從世界與他人方面，或是於自身最為本己的能在之中了悟自身。如此的存活可能性示意，此在於最本己的能在中得以彰顯自身；這一本己性呈現展示着最為原初的真相，那就是存活的真相。」[2] 視死亡為一種存活的可能性，亦即導引出死亡

2　筆者中譯修改陳嘉映譯本。參《存在與時間》，頁 255；BT, p.264. 主要是將 "Eigentlichkeit / Authenticity" 譯為本己性而非本真性。

作為存活本身的一種特性，進言之則是指出：死亡透過其呈現之可能，被視為存活之一部分，猶如存活般存有着。因為如此，在海德格的論述中，得着「死亡即存活」的理解並不為過。

若再深入剖析海德格學說，就可以知悉海德格以死亡的動態義來審視死亡本身，這因而獲致「死着」（dying）與「亡故」（demise）之別。後者指涉實況當中的死亡義，亦即示意「存活不再」；前者乃海德格重視的，可以說它是為得以明了海德格如何在存在論（ontology）層面詮釋死亡的關鍵。在海德格的現象學方法論中，動態之死亡被看成是一種「現象」（phenomenon），與及被理解成現象學方式本身。準確地說，海德格對死亡的描述乃蘊涵一種「方法論的性格」（methodological character）。簡言之，對動態之死亡作分析，就是進行海德格式現象學詮釋，也就是進行一種現象學地對在世呈現的現象之考察。

二

隨之而來的提問，當是：視可能性為「現象」可行嗎？反過來問，現象不是要實在、具體的才能被稱之？死亡，或死亡這可能性，不是一種抽象的、非具實的「存有」嗎？可被視為「現象」的一種？

審視以上的問題後，欲要解說死亡為一具實的「現象」確是

難為之事。單就可能性而言，本已沒有實在的意涵於其中；藉可能性而闡釋的「現象」，也不會來得具實、顯見。故此死亡就是一非具實的「現象」，然而作為「現象」，其非具實之特性有着甚麼喻意，或給予人甚麼啟示？

　　『現象』這表述源於古希臘語"φαινόμενον"，它是由動詞"φαίνεσθαι"衍生出來的，後者帶着『去呈現自身』（"to show itself"）的意涵。因此，"φαινόμενον"意即呈現者本身。……繼而言之，『現象』這表述可以被確定為：就以自身呈現出自身者。[3]

　　海德格不僅認為「現象」將自身作為其所是般（as such）呈現，也意謂此呈現自身的「現象」可以宛如其「相似物」（"semblance"）一樣示現着；而所謂的「相似物」，直言之就是指「存活」本身了。在如此的詮釋脈絡裏，海德格循環地論說「現象」、「存活的可能性」與「死亡」三者，將它們關聯着；死亡因而作為「存活的可能性」也作為「現象」來看待。

　　將「可能性」看成「現象」，在於示現存活的流變，在於揭示人之存活不是一既成、已然定位、無所變改之存有。

3　筆者中譯。參《存在與時間》，頁 33-4；BT, p.51.

死亡之可能到來，固然測不準，也無從預計，但我們就是知道它可能到來的。如是的說法並不構成一種衝突、矛盾，反之透過如是的理解，我們得以知悉：人活在可能性當中，就是活在一種主動與被動交融的關係中。一方面，人可以以己主動投放可能成事之可能性出來；另一方面，人卻只有被動地接受其自身的死亡之可能到臨。從這意義上去看，存活着的人就是一種既可抉擇自己又無可抉擇命運的存在者。這當是人們對自身該有的認知；透過海德格的哲學，我們得着「認識自己」之可能。

可以說，海德格以可能性帶出存活的流變性，而以死亡彰顯可能性此存活的真相。一言之，了悟得到死亡為存活的可能性，實透視出生命的無定，如是也就透現生死交合不分的真相。

三

帕斯卡（Pascal）說：「唯有突然死亡才可怕。」[4]

海德格點明了死亡之可能性不為人確知何時到來，但總是隨時隨刻的，如此這般揭示出死亡的真相，無疑為人帶來了另一真相：死亡之突然到臨是可怕的。綜觀海德格的學說，沒見着

4　帕斯卡：《在地獄與天堂之間》，收錄入《帕斯卡爾思想錄》，何兆武譯（天津：天津人民出版社，2007），頁110。

他就後一的真相作如何的探討。不過我們卻可以延伸思索空間，就海德格的死亡詮釋進一步呈現出多些「真相」來。

我們先從討論死亡與恐懼的問題開始。在《存在與時間》中海德格對「恐懼」(fear) 有着如下的刻劃：恐懼的整全現象之構成部分有着變化；這即是說，存在的不同可能形式湧現於恐懼之中。例如具威嚇性的東西意味着「臨近之近」，一旦它突然闖入存在於世的關顧當中（威嚇的臨近是無時無刻的），如此的「恐懼」就是為「驚嚇」(alarm)。因此，我們辨識「甚麼具威嚇性」時定要在兩方面做區別：威嚇的東西之臨近形式與及它的突發性。我們受着驚嚇，意謂驚嚇着我們的東西為我們熟知的；但另一方面，若威嚇的東西全然不為我們熟知熟悉，那麼如此的「恐懼」就是一種「畏」(dread) 了；再說，恐懼如「畏」又如「驚嚇」，那就是「驚駭」(terror) 了。……所有恐懼的變化形式反映着此在存在於世滿帶恐懼。[5]

就以上引文的述說，我們未必得以清楚明白海德格對恐懼的區分，也未必足以理解恐懼何以有不同的展現形式。但從中我們可以知悉，海德格認為人在存活着時總是滿帶恐懼。如此闡說人的存活，如此揭示恐懼的威嚇，定然與死亡的詮釋脫離不了關

5　筆者中譯。參《存在與時間》，頁 166；*BT*, p.181-2.

連。不過海德格並不是說「人恐懼死亡」，他謂「人恐懼的乃是亡故」[6]，如此一來可見他詮釋恐懼，在於揭示人們恐懼自身不再在世存活，而非恐懼死亡本身。所以，說「人在存活着時總是滿帶恐懼」，亦即是說「人活着就是在恐懼着」。就此或可直言：人恐懼着存活本身。但這話彷彿造成一吊詭：既恐懼活着同時也恐懼不再存活。

　　無疑，我們在活着時才能有所恐懼，恐懼自身之不再存活也得在自身還是活着時才能為之。活着之所以為人們恐懼，就因為在它之中人們找得着恐懼；然而人們卻不能在其不再存活之中有着恐懼之可能性。因此，恐懼活着，得要先活着，活着才是恐懼的源由。

　　終究地說，海德格論恐懼與死亡，不在於彰顯二者之突發性，沒有將恐懼與死亡之突然臨近這面向確定為存活的真相。是故死亡的可能性不等同於死亡的突然到臨。深究之，海德格謂「死亡」乃存活的一種可能性，實質已將死亡作為存活般看待，所以活着猶如死着，反之亦然。如是看，在海德格的詮釋下，可以謂死亡的可能性實質已然到臨，無時無刻於存活之中；因此，沒有所謂的突然與不突然之意味，在他的論說裏被側重地詮釋

6　*BT*, p.295.

出來。

　　「唯有突然死亡才可怕」這話，該改為「活着就是可怕」。
這是藉領悟海德格學說故而引申出來的，不是他本人之旨意。
「活着就是可怕」，不是一易見易感悟的真相；活着的我們有
多少過問自己的活着，又有多少恐懼活着本身？最重要是，有
多少能夠發現如是的真相？

　　活着，既為所有人拋入於世始；活着，是否可怕，則未必為
所有人能夠知之。

第二節
死亡之有與無

　　當然，若是海德格只視及死亡作為可能性之一面，忽略了死
亡致使存活終結的一面，那他的哲學之缺弊處便表露無遺了。但
實質上海德格並不如此輕率，他闡釋的死亡並不僅僅作為一可能
性之存在，也同時作為一致令其他存活可能性不再可能之存在。
簡言之，死亡乃不可能之可能性。它作為一存活的可能性，作為
眾存活可能性之其一；它的到臨使它這可能性成為實況性，然則
它作為實況性時，於它以外的一切可能性不再有呈現之可能了。
它消卻了生命再能延續的可能，存活因它之真正到臨而不再。

一

在《存在與時間》中，死亡有着兩種含義，作為「可能性」與「終結」。這對應上一部分提及的「死着」與及「亡故」兩義，也是示意着：將死亡視為「無」，也就意味此「無」實有二義，視之為「有」與「真正之無」的意義。作為一種「有」，就是指死亡作為「可能性」了，而作為「真正之無」，無非就是指出死亡是為存活的終結，

死亡使存活不再的意思。

析而論之，視為「真正之無」（Nicht,"nothing"）的死亡可以理解為「甚麼都不是」，乃因為此「無」意謂失去一切存活所能建構交織的意義關係。也因為如此，人若然恐懼它，就是害怕失去了當下呈現着的人生。可以說，死亡本身不該致使人們感到它可怕，正如我們難去害怕「甚麼都不是」，然則大多數人仍然怕死，怕的就是沒有了在世之一切。如此一來，也可以說人們對死亡產生的恐懼源自死亡施予其身的「孤獨」，一種與世界關係分割開來的「孤獨」，一種使已死者本身成為真正「獨我」的「孤獨」。

至於將死亡與「可能性」扣連，示意死亡作為包含「有」之含義的「無」（Nichts,"nothing"），則在存在論意義下詮釋得來的。

回顧上文的論述，死亡可能性的呈現乃透過「在死之中」(dying)
的現象作展示，為的是揭示出人乃向死亡存在 (Being-towards-
Death) 這一真相。

> ⋯⋯向死亡存在乃是有所領悟地呈現為一可能性。在
> 向死亡存在中，這一可能性定然被領悟、獲致與及得以被
> 注視。[7]

是故在海德格的現象學論述層面，存活與死亡實如同一，不
會出現只能說生沒能道死或有死沒生的情況。由是理解死亡問
題總算免除去將存活與死亡分立的衝突狀況，也不致陷落於將
死亡對象化的問題裏。

以兩種含義的「無」解說死亡，自是一種經哲學的審視而出
的思慮。就此，海氏提醒了人們：死亡並非「尚未」(not yet)。
這是因為我們即生已有即死之可能了：當人們剛一降世，隨即
老得足以死去[8]。死亡就是一種存活的終結，它伴隨着存活，可
能地呈現而至。

7　筆者中譯。參《存在與時間》，頁 300；*BT*, p.306.

8　筆者中譯。參《存在與時間》，頁 282；*BT*, p. 289.

二

　　如此理解與闡說死亡，實是海德格哲學的特色，這與前人伊壁鳩魯對死亡的看法顯然有別。最大的區別莫過於，海德格視死亡為「有」與「無」之綜合，而伊壁鳩魯則只視出死亡之無的一面。對此，我們可以反思，哪一種哲學的審視更為恰如其分地將真相揭示出來呢？伊壁鳩魯之說欠缺了視死為「有」的一面，是否就是一種不全面、非完整的看法呢？海德格對死既解說得出「有」之意涵，那就是為一種經哲學思慮後獲致的看法嗎？這反映了哲學得以造就價值嗎？能予人們對其生命增添意義嗎？死亡，也因此有其意義或價值嗎？還是，說死為有只是一種對真相的掩蔽，對毫無意義與價值的死亡偽裝了漂亮的外衣呢？

　　哲學之所以有其價值，在於它能夠揭示真相。反之，讓人蒙蔽於思辯與解說之中的，並非哲學。然而，沒有一套哲思，能夠予人絕對地考察得到百分百的「真相」之可能；能夠揭示全盤真相的某一側面，此一哲學就彰顯出價值了。

　　因此之故，不論海德格的還是伊壁鳩魯的哲思，皆有其價值，兩者同樣省察人們，並寄予人們審視生命的進路。若要相較兩者，唯可能說出，海德格藉闡釋死亡找着最為鞏固的「存在基點」：

　　……因此我們從存活形式上定義『虧欠』(Schuld) 為
『根源於不的存在基點』，即是一種以『不之狀態』(nullity)
為依據的存在基點。『不』的想法，以從存活意義領悟而
至的虧欠概念為基礎，排除了與現成物之任何可能的關
涉；而且，此在不是作為任何現成物般，或不是普遍地
被接納 (Geltenden) 成不是其自身般，又或不是作為非是
其為所是般，即非其存活般，來衡量的；所以，有關存在
基點之缺如或存在者自身作為一『有所欠缺』的基點之
種種想法是為不可能的了。如果一種缺如，例如對一些
要求的未成全，已然『引發』此在的性格，那麼我們不
可以簡單地把此在看成是在其『源由』中有所缺失之物
(Mangelhaftigkeit)。作為存在基點本身不需要根基於和源
發於它的那缺如物般的『不』之性格。該基點不需要從依
據它的東西處獲致『不的狀態』。這意味着：存活的虧欠
並不首要地源自一負欠 (Verschuldung)，反之，負欠之所
以可能乃只有以本源的存活虧欠為『依據基點』。[9]

　　海德格從探究所謂的「虧欠」與「不」的特性來定義最為原
初的「存在基點」。簡單地說，他旨意指出存在的最為原初依據

9　筆者中譯。參《存在與時間》，頁 324-5；*BT* p.329.

乃是「無」。由是，從存活的依據點 ── 死亡之無 ── 為始開展詮釋，在本源層面的在世存活實況便一步一步地示現人前已。與伊壁鳩魯的區別在於，海德格真正的直視死亡本身，對死亡得着深一層次的理解。

三

　　我們得以明白，死亡乃不可被逾越的，是人力無法超克的，並且死亡到臨的可能性也不被猜透、把握，實無法確知。經海氏解說，我們明見得到生命的有限性，也得以感悟死亡乃人們在其存活關係中最為憂懼的可能性。對死亡有所「憂懼」（anxiety），全因為死亡的「無」所致：「人面對自己死亡的可能性時不能不感到憂懼。死亡使人自身完全孤立無援，是一個持久而時時激發醒悟的威脅，它不能不造成憂懼的情態。人就是藉着自身存活的開顯面對死亡的可能性所帶來的憂懼，如是正好呈示出最屬己的存在投放，亦即以大無畏的精神自由自在地迎向死亡。」[10]

10　筆者藉項退結先生的説法重塑意思，對原文有大幅的修整，原文為：「此有面對自己死亡的可能性時不能不感到憂懼。死亡使此有完全孤立無告，是一個持久而時時昇高的威脅，它不能不造成憂懼的心境。此有之所以為此有，本來就藉着的開顯，亦即藉着心境所顯示的理解與投設，亦即以大無畏的精神自由自在地迎向死亡。」見項退結，《海德格》（臺北：東大圖書公司，1989），頁 97。

　　從憂懼死亡中，人們獲致最大的個人自由。換言之，憂懼死亡致使活着的人們之自由最為活現，最為彰顯他們能夠把握當下的一瞬間、抉擇自身所要去活出的存活模態之能力。從海氏現象學的角度表述，得出如下啟示：藉領悟死亡此可能性之最為我屬性格與不可逾越性格，覺醒了的人宛如將自己從安穩的、已然習慣的他人世界中「懸擱」起來，頓然展現最本己的自己。因此，最為本己的自己便會以己身直視死亡，不隱沒死亡此實況。

　　　　死亡的不確定性在憂懼之中始源地呈現着，不過因為如是憂懼致使自身決斷起來，抹除去此在於日常現象中隱沒自身之遮蔽。[11]

　　正視死亡並不意謂「以死亡為存活目的」（"Um-willen"，"for-the-sake-of"），非強要存活的人時刻在意其死；正視死亡實是為了推使人們暫卻已然慣性無覺醒的存活，予人們重新思索生命意義的機緣。用常話說之，莫過於是：沈靜下來，正視死亡，讓散落在人群當中的自己凝聚回來。

11　筆者中譯。參《存在與時間》，頁 352；*BT*, p.356.

四

　　海德格詮釋死亡，以所謂「形式顯示」(Formal Indication)[12] 的方式來開展的，這是他的現象學論述的一大特色。顧名思義，着重透過「存活形式」來顯示人之存活現象，就不會深究人的生活經驗內容，最為顯見的就是沒對身體經驗與其含義作具實的申說。

　　可想而知，海德格與梅洛龐蒂剛好相反，在現象學論述上沒有從胡塞爾的《觀念 II》(Ideas II) 裏傳承了對身體的探究宗旨，沒以「身體現象」為探究主題。如是，概觀海德格學說，不見他審視「身體的性欲」與「身體的話語」這些課題，也不見他旨向將「存在的問題」轉化成為對「身體的存活」的討論。在海德格的詮釋中，「存在」(Being) 始終不直接關連至身體，「存在」不是透過詮釋身體得以呈現的，身體與身體之間的關係意義也沒有藉存在問題得以明示。一言之，海德格不如梅洛龐蒂般將身體推至現象學研究的首要位置。

　　若然說，在梅洛龐蒂的哲學中，可直見一存活的事實：身體

---

12 海德格早在《宗教生活現象學》已提出「形式顯示」的說法，見 Heidegger, M. *The Phenomenology of Religion's Life*. Trans. Matthias Fritsch and Jennifer Anna Gosetti-Ferencei (Bloomington, IN: Indiana University Press, 2004), p.42.

與世界有着同一的先在性，然則文化意涵交織的人文世界必從身體處開展構現，人文世界的文化厚度隨身體之間的交流互動逐漸遞增；那麼，從海德格的學說裏，見到的就是真相的另一面向了。

海德格之所以透過「存活形式」來顯示人之整體存活現象，為的就是凸顯「存在」在實況中的本源性或首要基礎性。他提出了關於「形式的現象學」(Phenomenologie des Formalen) 的說法，對「形式因素」本身作原始考察以及對「在形式實行範圍內的關聯意義」予以闡明。他認為藉「形式」得以考察本源層面的存活實況，乃因為「形式因素」源由於「前理論的始源物」；易言之，在「形式」裏得見的「現象」可以理解成種種在「實行」(Vollzug) 當中的「關聯意義」。[13] 簡言之，以「形式」活現「現象」，就是活現「關聯意義」。

無疑，海德格欲以「形式」顯示「現象」，乃旨意對「存在問題」的詮釋落在前反思的 (pre-reflective)、非對象化的 (non-

---

13 見《存在與時間》第 17 及 18 節。另參張祥龍：《海德格：二十世紀最原創的思想家》(臺北：康德出版，2004)，頁 93-101 及馬丁‧海德格爾：《形式顯示的現象學：海德格爾早期弗萊堡文選》，孫周興譯 (上海：同濟大學出版社，2004)，頁 8。從另一方面看，海氏通過對胡塞爾的「範疇直觀」中的範疇研究，闡明一條展開存在問題的關鍵道路。見張燦輝：《海德格與胡塞爾現象學》(臺北：東大圖書公司，1996)，頁 135。

objectifying)、非觀念化的 (non-conceptual) 解悟層面來進行 [14]，為求避開傳統西方哲學從知識論層面牢牢地將「現象」實體化和固定化的論述問題。但正因如此，海德格詮釋存活現象欠缺了對身體的正視，像挖空了人的生活內容或經驗內容般只着意示現人之存活形態，所以對死亡的詮釋也欠缺了審視人之情感與倫理道德的內容等方面，也自不會考察死亡與在世的文化意涵之關係。顯然，如此的欠缺也造成了海德格詮釋死亡問題的缺失。

不過海德格不如柏拉圖般輕視身體之在與能，他只是針對詮釋人之「如何」(how) 存活着而非對「甚麼」(what) 作解說而已，所以才沒有將詮釋目光掃射於人的具體生活細節內裏去。如此去說，他論死亡也是為了彰顯「如何存活」的意義，其本意不在考察死亡為人們帶來「甚麼」。存活的實況，自呈現不同的側顯面向，從中能夠把持某一真相之時，會否從缺了對另一真相的考察呢？我們實不能為海德格詮釋死亡問題之不足加以辯解，不過首要地就批評他的學說之不是，而不樂於去明了他注學的用意，那又導致一種不能予以辯解的不是。

---

14 Zahavi, D. "The Fracture in Self-awareness" in *Self-awareness, temporality, and alterity: central topics in phenomenology*. Zahavi, D. ed. (Dordrecht; Boston: Kluwer Academic Publishers, 1998), p.23. 可以再補充一點，海氏認為此在的「在此」或説人在世的存活，是不能透過意識來把握 (grasp) 的，只有靠此在（人）自身直接的、本源的活現就是了。Heidegger, M. *The Fundamental Concepts of Metaphysics: World, Finitude, Solitude* (footnote 31), p.60-6.

第九章

薩特：
死亡之荒謬

生命之不可逆轉

　　薩特（Sartre）在《存在與虛無》（*Being and Nothingness*）[15] 標識了「自在存有」（Being-in-itself）與「自為存有」（Being-for-itself）之人在世的存有狀態，透過對自為存有的論述詮釋出人的存活現象須依靠於意識（consciousness）來顯現人所以為人的意義。依他之意，人的死亡則是其自為存有的失卻，並淪落為自在存有之境地。故此，在薩特的哲思當中，自在存有與自為存有既是

15　Jean-Paul Sartre, *Being and Nothingness*. trans. Hazel E. Barnes. (New York: Washington Square Press, 1984.) 薩特 《存在與虛無》陳宣良等譯，（北京：三聯書店，2012）。後簡稱為「BN」。

兩種相分的存有現象，人的存活與死亡也便如是了。

一

　　有別於海德格的「此在分析」（Daseinsanalysis），薩特以論述意識來詮釋人存活在世的現象，他認為意識才可以構成人存活着的價值與意義，並曾批評海氏提出的「此在分析」完全忽略了意識的所在 [16]。在薩特看來，意識即是一種「虛無」（nothingness）[17]，這是因為意識乃是永遠作自我否定（negation）的存有。因此，作為有（或運作）意識的人便是一「意識的存有」。顯然，「人所以為人」就在於他是有意識的，所以意識可說是等同於人本身（或其存活），反之亦然，否則只有兩種可能性：第一，沒有意識的便不是人；第二，若然人沒有了意識的話，他便是已死亡了。[18]

16　*BN*, p.133-134.

17　有論說指出薩特意謂意識是為「虛無的絕對」（或作「絕對虛無」）(nonsubtantial absolute)， 見 Barnes, Hazel E. "Sartre's ontology: The revealing and making of being." In McBride, William L. ed., *Existentialist Ontology and Human Consciousness*. (New York: Garland Pub., 1997), p.60. 筆者認為，薩特所說的「虛無」(nothingness) 與海德格詮釋的「無」(Nichts，非 Nicht) 有着類近性（但並非相同），彼此也有「（虛）無即（存）有」的意味（當然在詮釋上兩者各異）。

18　有關薩特言說「自為存有」與存有之價值；「自為存有」與存有之可能性的理論分別見 *BN*，part two, chapter one III&IV, p. 133-146；p. 147-158。

　　我們可以認為，薩特按照胡塞爾（Husserl）的現象學之意向性活動原理來論述「意識現象」[19]，以「自為存有」等同為意識，而視「自在存有」為意識的對象。那麼，我們如何理解前者以後者為對象的關係呢？按照薩特之意，「自為存有」必然以成為「自在存有」為目標，這是指當意識顯現或揭示其自身的運作之同時，它也是對自身作出否定。

　　　　我不是我所是，我是我所不是。（I am not what I am, I am what I am not.)

　　薩特這名言意味着「自為存有」對「自在存有」作出的否定。依他之意，意識就好像坐在一座滑梯頂的人，不可能停留在滑梯上而不立即滑下的，故此意識不能不滑至「自在存有」那裏（滑梯底部）。這指明了意識是沒有實體的存有，它作為存有只是一種純粹的「顯現」（appearance）而已。[20] 如是者，意識或「自為

19　有評論指出薩特在 *BN* 將副題定名為相關於現象學的 (phenomenological)（與及本體論, ontology)，已顯然按照了胡塞爾的現象學方法：還原法與意向性活動原理來詮釋現象（雖然他在 *BN* 對胡塞爾的看法有所修正，並提出自己的見解）。

20　參 *BN*, p.17. 相 關 的 論 説 見 "As internal negation of being-in-itself, freedom (consciousness, the for-itself) is intrinsically dependent upon the "things" that it nihilates." from Flynn, Thomas R. 1984. *Sartre and Marxist existentialism : the test case of collective responsibility*. Chicago : University of Chicago Press, p.76.

存有」必然在一種虛無化的過程中，經過持續不斷的否定以顯現出存活的面相來。換句話說，意識使否定的可能性從不間斷地呈現出來，也就使自身與虛無劃上了一等同的含義。

正因為意識有着使自我作不斷否定的特性，因此人所以能夠為人便是經過不斷的否定與肯定之故，這反映着：人對自身的肯定就是一選擇（choice），在否定自身過後重新作出的選擇，使自身重新顯現出來。於此意義去看，薩特續說出，人既有選擇成為自己的可能性，便表示了人自身是享有自由（freedom）的。[21]而且，人所以為人是經集合不斷的否定與選擇的過程而顯現的，因此人有選擇也是因為人被否定之故，所以沒有否定也就沒有選擇，不斷的否定便即是不斷的選擇，就此從薩特的詮釋中可得出一個結論：人的意識亦即自為存有，集合了虛無、否定、選擇和自由之含義。

21　有評論認為薩特在 BN 提出的「選擇」概念（如"I am my choices"），與 Existential Psychoanalysis 一文無異，同樣過於簡化地詮釋自由問題，並謂自由問題並非引用意識的概念便能夠詮釋妥善，見 Rollo May 在 Existential Psychoanalysis 導論篇的談論，p.13-14。Existential psychoanalysis. trans. Barnes, Hazel E. Washington, D.C. : Regnery Pub., 1996. 另外有論說指出，薩特有着「選擇是荒謬的」之想法，因為人命定是自由的，意味着人即是自由本身；自由因此不是選擇的結果，而是人天生無緣無故而荒謬地有的。見余源培、夏耕：《一個"孤獨"者對自由的探索：薩特的〈存在與虛無〉》（昆明：雲南人民出版社，1989），頁87。

二

　　由此可知，薩特的本意就是強調只有意識才真正凸顯出人所以為人的意義已。對他來說，「自在存有」與「自為存有」在人存活之時永無法合一，否則若然兩者俱在，人便成為神而非人；或當「自為存有」成為「自在存有」之時，那「人」一是被他人看成為現成物，或已然是為一個死人而已。簡言之，薩特認為人面對死亡既無選擇可言，死亡的降臨也將人的所有自由全消解掉了，因此死亡必然是存活的最大障礙。在他的詮釋下，一個人的存活與死亡必不可在世共有或作共同的呈現，存活與死亡對立，兩者不可作為一個統一現象而言說。

　　　　死亡在於『牆』的另一邊，它顯然地是為非人性的；我們因此從一種完全不同的角度審視死亡，將它作為人之生活裏的一個事件來看待。如此的目光轉變易於解釋：死亡是一個界限，⋯⋯或者說它是一個存活過程的終結，⋯⋯所以它猶如一個旋律的最後和弦一樣趨向休止那面，也就是說，趨向聲音之虛無；在某一意義下，最後和弦如同休止。⋯⋯死亡總是——不論我們能否斷定對確與否——被看成是人的生命之終端。[22]

22　筆者中譯。參《存在與虛無》，頁 735-6；*BN*, p.680-1.

　　薩特論死亡並非一面倒地視死亡為「負極」，只視及死亡的荒謬性（absurdity），也沒有漠視死亡於生命裏的位置。不過，依他的說法，可知「死亡永遠不是將其意義給予生命的；相反地，它從原則上就是將一切意義由生命那裏拿走」[23]。

　　　　我們的出生乃是荒謬的，而我們的死亡也是荒謬的。[24]

　　因此之故，薩特對存活、自由與死亡之關係的詮釋與海德格有着根本的不同。薩特認為，人只有在行動中才可以彰顯其自身的存在，才是既「存」且「活」的。可以說，薩特必定認同「存在即行動」這說法，然則若進一步理解「存在即行動」之意，可知它不僅表示為存在等同於行動，更意味着：存在者對行動的決定本身也就構成了行動，也該歸屬於「意識運作」之含義。所以薩特認為人不能不把自身的意向與選擇扣上關連，即便「不選擇」但湧現如此的意向，也就得視之為一種選擇已，換句話說，這是人選擇了「不選擇」而已。

　　我們就此可以想想，人本身決定行動與否也可看成是一種行

23　筆者中譯。參《存在與虛無》，頁 746；*BN*, p.690.

24　筆者中譯。參《存在與虛無》，頁 756；*BN*, p.699.

動，就是關乎審視人的意向之問題，亦即就某行動的執行，反思其何以被決定這方面。反過來說，行動的含義不一定取決於行動的過程或結果而言。若能明白，大可理解何以薩特認為即使不作選擇也是在作一個選擇的含義了。

因為「存在即行動」之故，那麼人的行動便不會被先驗世界狀態或他處身的外在狀態所命定，亦即不是被既定的了。細看下去，「存在即行動」（或「行動即存在」）的意義揭示了人持有絕對自由的本質，故其行動之所以呈現取決於其自身的自由之決定。[25] 繼而言之，這顯示出自由之決定乃是人經過無條件的選擇所得的，經此選擇，人才可成為其（將要）是其所不是（I am what I am not.）的存在，也因此人的自由選擇便如同人的主體自由一樣具有絕對性。總言之，薩特認為人天生自有選擇的自由，人必然把自身向着某一意向（intention）作出自由的選擇。可見在薩特的詮釋下，人的自由給予人自身不斷的選擇，自拋擲於世一刻始，人便從不間斷地選擇自己，更新自己，呈現出自我的特殊性。雖則自由透現出人徘徊於不停選擇中的「荒謬性」，

25　有關薩特對自由與行動（意識）之關係的詮釋，詳見 *BN*, part four, chapter one l, p.559-618. 另有論說直指出："Freedom for Sartre is 'the first condition of action'"，見 McCulloch, Gregory. 1994. *Using Sartre : an analytical introduction to early Sartrean themes*. London ; New York : Routledge, p.38. 由此顯見 "自由即行動"、"存有即行動" 等等含義。

然而只有自由的絕對性才謀劃出人存活着的價值，才有呈現出
存活意義的可能性。

　　死亡是對「自為存在」的否定，然而死亡所給予的否定並非
不斷的，也沒有再帶來選擇的可能性。這即是說，死亡使「自為
存在」可以作為存在的所有可能性抹殺掉，使它的一切可能性
成為不再可能，換言之，死亡使「自為存在」成為「自在存在」。
由此可知，一旦缺失了意識，人便不再所以為人了，這也是說，
死亡取消了人所以為人的意義，使人存活的價值被奪去了。薩特
因此認為人的所有的籌劃（Entwerfen）之「最終價值」都因為死
亡而懸而未決 [26]，死亡對生命來說就是荒謬的，死亡的到臨也就

26　薩特舉了巴爾扎克（Honoré de Balzac）的例子，論述若巴氏在寫《保皇黨人》（Les
　　Chouans）（或譯《朱安黨人》）一書前死去，那麼巴氏就只可以被稱作是一個很糟糕
　　的作家（因為他在此以前只寫了幾部糟糕的小說）；換句話說，巴氏的死使他沒能夠
　　去寫及完成《保皇黨人》一書，以致沒有人會知道他在《保皇黨人》中所顯露出的
　　才華。此例見 BN，頁 689 至 690。
　　在海德格的詮釋當中，「此在」有着自身在世存活時的籌劃現象（這關乎對「可能
　　性」與「時間性」的理解）。所以薩特的「自為存有（意識）」與海德格的「此在」
　　在詮釋上有其共通處，就是有着「籌劃」的共性，這是筆者對兩人學說的一點理
　　解。另有論說討論海德格的解釋（Auslegung）與「先在的了解」（Vor-verständnis,
　　preunderstanding）之關係，見陳榮華（1993），《海德格哲學的詮釋學》，《臺大哲
　　學論評》16，頁 227 及討論「現象學的建構」與「籌劃」（Entwerfen）的關係，見
　　孫周興（1997），《還原、建構、解構 ─ 海德格前期哲學中的現象學方法》，《哲
　　學雜誌》21，頁 221 至 223。以上學說對理解海德格詮釋學上的「籌劃」問題也有
　　助益。此外，有關「最終價值」之懸而未決的說法可參見《死亡哲學》（注 31），
　　頁 320 至 321。

是自由的消失。死亡是一種非人的東西，非人性的，是真正的虛無。可想而知，薩特沒法認同海德格把死亡理解為人的生命的一部分，他強調的是死亡不為人所能選擇，而是被強迫接受。進而論之，薩特批評海德格在詮釋死亡上犯了錯誤，就是把具體形式上說的「死」（即怎樣死）和人必有一死的「死的實況」混淆了。[27]

三

死亡之為荒謬的，也因為死亡對人具誘惑力，使人將它等同於榮譽，將它視之為必然的歸宿，同時又使人對它產生恐懼感，冷卻了人迎向它的興奮。但終究而言，死就是榮耀的，它可以保護死者不會遇上任何意外，如火車脫軌或感染各種病患。所以，唯有死者才享有不朽。[28] 死者才能不朽，也即是不朽只為死亡所帶來的，一旦死亡，就是不朽，生命故不能逆轉。我們可以認同這點。

我們也可以認同薩特的另一些見解，認為人在死後確實沒有

27　李杰 著，《荒謬人格 ── 薩特》（武漢：長江文藝出版社，1996）頁 176 至 178。

28　見薩特的《唯有死者才能不朽》一文，引錄自《超越生命的選擇》，閻偉選編，陳宣良等譯（武漢：長江文藝出版社，2009），頁 43-46。

了自由，人因死亡而未能實顯「籌劃了的最終價值」確然是遺憾，然則卻不能夠認為存活着的人自身之自由與死亡是獨立分割，毫無關切的。[29] 從上文的析論得知，薩特必然否定海德格所謂的「向死的自由」，反之認為死亡不是構成「自為存有」的一種內在必然性條件，而是偶然的事實而已。就此，我們可以推論：對薩特來說，人不能在死亡當中，因為在死亡當中自由必會失卻不復有，沒了自由也無可說甚麼人之為人了。

> 死亡，絕不作為我的存在之其一存在論結構，至少在我的存在乃是處於自為存有的狀態時如是；⋯⋯死亡，在自為存有之中毫無位置可言；⋯⋯一般而言，死亡不能夠於本源自由的謀劃領域裏被發見，也不能在自為存有起動的領域裏被尋獲。[30]

當人面對着死亡之迫近或離死不遠時，儘管可以說選擇去存活的可能性大大減降也好，死亡也並沒有徹底帶走了在死亡當中

29　"(T)here is no place for death in the being which is for-itself⋯⋯Thus death can not be my peculiar possibility; it can not even be one of my possibilities." from *BN*, p.691.

30　筆者中譯。參《存在與虛無》，頁756；*BN*, p.699.

的人的全部自由 [31]，換言之，人仍能夠以自身仍有的自由作僅有
的選擇。再說，如海德格所詮釋，人在每時每刻也是在死中活
着，故此人在存活的當下總是面對死亡的，然則在死亡當中的
人並沒有被抹殺了其存活的任何可能性（除了死亡以後），反之，
死亡卻為人帶來最大超越的抉擇可能性之自由。也因為如此，
在死中活着的人固有的自由便不被褪色抹去。[32]

　　顯然，存活着的人的自由不被死亡所剝奪，故若認為死亡使
自由失去的話，那麼這該是說，已然死亡的人（即死者）才絕對
地喪失了自身的自由，然則「自由已死亡」的現象不在仍然存
活着的人那裏被看到。簡言之，薩特認為存活與死亡兩者在根
本上對立，或說他對人在死亡當中能夠擁有自由的現象作出否
認，這固然顯示了他對死亡的荒謬有所承認，卻暴露出他漠視了
人在死亡中存活着的積極性或呈現出價值意義的可能性，這顯

31　有論說也指出人在死亡當中並不可被抹殺所有可作自由決定的行為，見 *Death and
immortality*. trans. Richard and Clara Winston. (South Bend, Ind. : St. Augustine's
Press, 2000), p.87-90.

32　筆者在此只是引用海德格對死亡的詮釋現象，以透現薩特在詮釋死亡與自由關係上
的不足，然則也認為在海德格的詮釋中，死亡與自由選擇的關係（或現象）未必存有
必然性，因為海德格強調存活的可能性是不可預知的，換言之，也表示了人即便有
自由選擇行動之舉，該行動會否發生也是處於可能性當中。對比薩特來說，人的自
由選擇所帶來的結果的事實性在海德格的詮釋中並沒有必然性的。

然表現出他對生命悲觀的一面。與此同時，也可看見薩特以「自為存有」（即意識或自由）來詮釋人之為人的局限性 [33]。

死亡，使自由的人不再得以作選擇，使生命終卻。

總言之，薩特告知我們：死亡與生命的「本質」(essence) 衝突，奪走了存活自由的絕對性，使「自為存有」永久地成為「自在存有」。由此我們可以知道，薩特不同於海德格，不認為死亡是構成存活的其一可能性，而認為死亡只是一種生命的外設或偶然性而已。

第二節

死亡之可被等待

「死亡不作為人們加以個人化和定性的，能夠被等待的事件。」「死亡絲毫不能被等待。」「我的死 —— 它的發生不可

33　"Unfortunately, Sartre uses the term 'being-for-itself' to cover two distinct problems: the problem of the human consciousness and the problem of the being of human beings themselves." from Aquila, Richard E. "Two problems of Being and Nonbeing in Sartre's Being and Nothingness." In McBride, William L. ed., *Existentialist Ontology and Human Consciousness*. (New York : Garland Pub., 1997), p.239. 故筆者認為人之為人不可用「意識」或「自由」來完全涵蓋其義。

能在任何日子裏被驗證，因此也不能被等待。」[34]

　　驟然去看，薩特似與海德格無異，同樣認為死亡是沒有「等待」的意味，如是他說死亡並不是一種可被決定的可能性或事件。[35] 然而，他在《存在與虛無》實然地描述出所謂的「期待（或預期）」（expect）的現象，而且在他所描述的現象中確切地示現着一訊息：人的死亡有着被人自身去等待（wait for）的意味。從薩特的論述中得見，死亡的現象可顯著地區分為兩種：一為老年人的活至老死（deaths from old age）[36]，另一為人之驟然暴斃（sudden death）。

一

　　對於第一種現象，我們可以得着如此的理解：薩特認為人縱然會死，但有些人總會活至自身的年限才死，故「從未死至老死」顯然就是一種等待死亡的過程；如此看來，死亡對於能夠從當下活到老年的人來說必定有着「尚未」的意味：「老年的死亡」對某些人來說顯然有着其必然性，若然這必然性尚未到臨，必死

34　《存在與虛無》，頁 740-1。

35　*BN*, p.685.

36　薩特明言死亡可分為「年老而死」與「服刑待死」兩種，筆者認為兩種死亡現象同樣示現了死亡為人可以等待的意思，故在此只就「年老而死」這死亡現象作析論。

的人也只有等待至其老年才會一死。就驟然暴斃的死亡現象而言，人的死亡便不存有等待的意涵，並非可以等待的，沒有「尚未」之意。[37]

雖然薩特認為「期待死亡並非等待死亡」（"to expect death is not to wait for death"）[38]，然則如《存在與虛無》的英譯者，Hazel E. Barnes 所說，「期待」與「等待」之劃分並不清晰，再加上薩特明言生命是有其有限性的（意味着存活有其時間長度），指謂人可以等待生命之終結（即死亡），故此我們大可批評：第一，薩特引用「期待」這詞只是徒然，其意與「等待」無異；第二，從他言說年老死亡或服刑待死的現象已清楚可見，死亡在他而言是可以等待的，即使他認為如是想就是一種自欺（Bad Faith）也好。

就此，我們可以看到，在對死亡的「尚未」或「期（等）待」的詮釋上，海德格與薩特所持的立場有異同之處。一方面，薩特既言說出驟然暴斃的死亡現象，便表示他認為死亡有着不可等待的特質，也該如海氏一樣肯定死亡可隨時隨刻發生，並且會對

37　段德智先生在談論薩特對死亡的詮釋時，指出薩特把死亡作了區分，示意死亡有着所謂「等待的」與「沒有等待的」兩種意涵。見段德智著，《死亡哲學》，（臺北：洪葉文化出版，1994），頁 318。

38　*BN*, p.685.

死亡的「尚未」作出否定。然而，薩特並非如同海德格般徹底
地肯定死亡之不可被等待，他在言說出死亡可驟然發生之同時，
也認為人總有等待老死之現象或可能性。因薩特認及老死現象之
故，我們便可清楚看到兩人的相異所在，顯而易見，他們對死亡
現象的詮釋的其一分野就在於肯定及否定死亡的可等待性之上。

二

　　從日常生活的層面觀之，死亡的可能性確實會隨時隨刻降臨
於世，不過在世當中又確實有一些年老的人仍然存活着，因而
他們的死亡就必然是為老死。那麼，薩特所言的老死現象又是
否為海德格所忽視了的真實現象呢？若解答了這問題，便如同
將海德格與薩特之說判了一個高低。

　　薩特既言說人可以老死，便即肯定了存活在世的人總會有老
死的一群，所以老年人之能夠活至老死，就顯然將「等待死亡」
的實況呈現出來。對此，我們無疑不可否認存活在世的人會有
存活至老年、至老死的可能性，然而我們也得肯定「人可以存
活至老死」只是眾多可能性中的其一可能[39]，須得知能否老死是

───────────

39　這表示了人死亡之可能方式並非只局限於老死一種，而是存有不同的死亡型式的，
　　如意外死亡或病死。在海德格看來，死亡當然並不作老死與非老死之分，死亡就只
　　是一種不可能之可能性而已，是隨時隨刻發生的。

沒有人可以預期或確定得到的。這即是說，我們並不知道等待死亡這現象是否能夠從我們的存活可能性之中作「持續性」的呈現出來。[40]

析而言之，只有當投放於下一刻的可能性成為實況性之時，我們才可察看或體驗得到呈現在當下的存活現象[41]，所以對於存活在當下的任何人而言，並不存有如薩特所詮釋的等待現象（不能構成等待的實況）。再說，若然存有等待死亡的時間的話，那麼這時間必然是圍於存活的每一當下之中（即可能性呈現出之際），如此的「時間」乃人難於或甚不能察見的，是故構成不了所謂的等待之意味了。[42] 那麼我們大可直言，薩特言及的「老死現象」只可看成如是：從盡頭那端（老死之時）反顧人的一生（等待死亡的時間或過程）以詮釋出期待的意味，這可以說他對人的

40　反過來說，若然我們認為能夠把握時間的持續性（筆者理解海德格所說 "inauthentic Present 'making present'" 之意），這便屬於在日常生活意義底下去理解外在的世界時間，這等同認同了薩特有關「等待」的言論；這在海德格的角度去看，也便墮進了猶如「他人看法」的觀念當中。有關海德格論及時間性（Temporality）的看法，可參看 *BT*, p.385-389.

41　這意指我們只能夠體驗得到存活在當下一刻的「時間」，然而並不能夠續經驗得到剛溜走的存活現象，則沒能夠真正留住「流走（逝）」了的時間。若然認為能夠如此，這種想法就是他人世界（日常生活意義）的一種存活性相。參見 *BT*, p.385-389.

42　筆者在此借題發揮，強調即使在每一當下的時間為「一分一秒」也好，對人來說，這極短的時間是不可能構成如薩特所言的「等待老死」的現象。由是見之，海德格的「即生即死」之洞悉在詮釋上更為恰如其分地揭示存活的「真相」。

存活現象做了「總結式」的描述、詮釋工夫，然則失卻了詮釋當下現象每每與可能性緊扣的意義了。或許，也可以認為薩特提出人能夠活至老死之說，乃反映他着眼於詮釋外在化的現象（即看見便如是了）而已，沒有揭示出存活現象的深層義（即海德格那樣關注人的內在時間性）。

雖然我們大可認為老死乃死亡的其一模式，然則如是的理解只可能局限於詮釋老年人的存活現象而言。有所反思，自會得知，老死與非老死（或暴死）之區分並不將存活與死亡的現象適切地呈現出來。薩特縱然將老死現象如實般現人眼前也好，他言及的「期待」或「等待現象」之意卻非最為恰當，反之如此描述容易讓人直接了當地將老死與存活可能性扣上必然的關連，把存活與死亡的真實關係遮蔽起來。

詮釋實況，實須恰如其分，否則有所偏失，在彰顯某一意義或價值之同時，亦把真相給遮蔽住了。

三

對於老死或等待死亡，薩特認為不是好事。他聲言自由地去死是人的一種完美結局，較於病痛纏身、老化、衰弱，或及自由的力量逐漸削弱這些結果完美得多。若是垂死使人頭昏腦脹，

那就不如先死。[43] 急於求死，以抉擇先行了結生命的方式達成完美的人生結局此等想法，確實從薩特的話說中得見。無疑，擇死或是自殺的舉動，乃薩特認同的，要如此了結生命就是為了免卻老化帶來的不幸後果。這樣子去看，老年人定然不幸，一則在於他們相較自由充盈的年青人或壯年，失去了大為彰顯有意義般的活着之能力；一則在於他們可能連去死的能力也欠缺了，只殘留不堪目睹的餘生。

薩特沒有直言老年人不中用，也沒有明言老年人須自盡以求更好的結局，我們也無用批評或譴責他有所不是。就事理而論，薩特確然激盪着我們的思維，讓我們好好地想想如下的問題：老年人真的不如年青人或壯年嗎？老年人的活着真的沒多好，若死去更好嗎？身體老化因而能力漸退，就要赴死告終？以生命力漸衰的身軀度過餘生，便不夠意義，或者難以活出意義嗎？

如果，人並非群居的，並非活在人際關係之中，而是獨立地存活，從不遇見他人，那麼每一個人之老化力竭沒甚麼所謂之不幸，因為他／她是孤獨的。既孤獨，怎樣的意義也就沒意義了，亦可以說，孤獨的人生說不出任何意義，也沒有幸與不幸之釐定。那麼，也無用講究人生是否完美了。但人總是群居的，

---

43 見薩特的《死亡是向着自然的回歸》一文，引錄自《超越生命的選擇》，頁 39- 42。

往往活在某一人際關係中，所以意義與否、幸與不幸、好或不好等現象或狀況自會得見。我們能夠區分得到老年與否，便因為我們從不孤獨。而我們一旦想及，以致定調何謂老化，則反映着人際當中存在着比較。再說我們得以對自己與他人作出比較，也就源出於人乃能變化之故。

老化，就是人之一種變化，乃存活當中可見及的真相。然而薩特標示了老化負面意義，視如此的存活真相為不好的，那就是一種負載價值成分的審視與判斷。我們不能否認，老化帶來了不如前好的變化，而等待老死也可能不是好活。但至於認為不夠好還要活着，有甚問題，就不太好說。

奧勒留在其《沉思錄》已說：「活動的停止，情感與思維的休歇，也可以說是它們的死亡，都不算是罪惡。試想你的一生：嬰年、童年、成年、老年，在變化的階梯上，每一步都是一次死亡。這其間有甚麼可怕的呢？試想你自己在祖父膝下的生活，再想想在你母親膝下的生活，再想想在你父親膝下的生活，你會發現有許多異樣變化與休止，問一問你自己：『這其間可有甚麼可怕的呢？』不，沒有任何可怕，就是在你整個的一生到了結束、停止、變化的時候也沒有甚麼可怕。」[44]

44　奧勒留著，《沉思錄》卷九第 21，頁 104。

人生當中的每一變化就是一次死亡，既不可怕也不可恥不可哀。反之，在變化不斷的存活中，不堪體驗與目睹老化之真實，又是何等的悲哀呢。難道不可以定調年青的有其意義，壯年的有其意義，老年的也有其意義，而老死也會是一種好死嗎？

與其說：「首先應該明確的是死的荒謬性。」[45]

毋寧說：死亡之荒謬，帶出了生命之荒謬，從而又導致抉擇之荒謬。

45　《存在與虛無》，頁 738；*BN*, p.682.

第十章

德里達：
死亡現象之吊詭

死亡的給予

　　德里達（Derrida）藉討論死亡的課題，得着了不少研討成果，在他的 *The death of the subject-impossible: An analysis of the subject in deconstruction and psychoanalysis*、*Demeure: fiction and testimony* 及 *Aporias: dying--awaiting (one another at) the "limits of truth"* 三本著作中，死亡與作者之主體性，或是文字學之表述問題，又或及哲學的方法論，就有所關連地被論述一番。而他在一篇名為《給予死》（*Donner la mort*）的著作中，着眼於「死亡與給予」這課題，從中對何謂死亡本身與其意義的問題有所解構。

一

　　在法文中，所謂的「給予」(donner)，與「捐贈」或「贈送」
(don) 意近，德里達把兩方扣連，藉由解說後者得出前者的意涵。
他討論了《聖經》中亞伯拉罕殺子獻神的故事，認為亞伯拉罕
按照神的命令意欲殺死自己的兒子以撒，就是把死亡給予以撒，
同時也是對神的贈送。易言之，給死亡予以撒，乃是對神的一種
獻贈，為的是引證信仰的真誠與純粹。進而言之，德氏指出贈送
不該關乎「交換」或「互換」的含義，即贈送不是為了也不包含
交換，贈送之一方與接受之一方只有單向性而已，並無回贈或支
付來禮等情況發生。[46] 但他亦指出，贈送衍生難題，那就是人們
在意識上呈現「贈送」，則避不了感謝、回贈，或及償還等念頭。
從這意義析之，贈送不能在生活中真正示現出來，永無法得着
其真正之意，因為一旦人們對贈送有所意識，便對它着意，將
它顯現之餘，也就無法排除意識及與它有所關連的種種情況了。

　　「得以靠近或感悟死亡，意味着這是一種預知的體驗，如是
亦即意謂在靠近與感悟死亡時對死亡本身有所獲知。可以說，這
種對死亡的預知猶如看見不能被看見的東西臨近，是為以非真切

46　參高橋哲哉著，《德里達：解構》，王欣譯（石家莊：河北教育出版社，2001），頁
　　199。

的方式給予自身永無法授予之物一樣。[47] 如此說來，只有在無意識的狀況下，真正的「贈送」才有之。但試問人如何在無意識的狀況之中呈現出贈送這舉動呢？也可以說，沒有意識的話，人就不是活着，就不能構建任何存活現象了，「無意識下的贈送」因此構成了現象上的困境，實不可為。從德里達對贈送的解說中，我們得知，贈送要是可能的話，它就只有依據不可能的條件達成，亦即它只有在人之無意識下實顯出來。所以，德氏認為贈送在實況中是不可能的，是為不可能之物 (I' impossible)。它之在，則作為自相矛盾的難題，示現出吊詭的現象來。

二

　　若將對贈送的解說，套用於死亡之上，有何諭示？

　　死亡在實況中是不可能的，是為不可能之物嗎？死亡是為一吊詭嗎？我們如何理解之？其一的關鍵，在於着眼解說人之意識與死亡的關係。

　　死亡，乃人所能意識得到嗎？更準備的說，人能夠意識及死

47　筆者中譯。參英譯本：Derrida, J. *The Gift of Death (second edition) & Literature in Secret*. Trans. David Wills. (Chicago & London: The University of Chicago Press, 2008), p.40.

亡本身嗎？從反面去說，死亡又是否只有在人之無意識下實顯出來？死亡，猶如德里達所解說的贈送，只有在人之無意識下才能實顯出來；換言之一旦人對死亡有所意識，那被意識得到的「死亡」並非真正的死亡。這進而得出一個結論：死亡，作為「現象」的話，在實況中是不可能的，是為不可能之物。

德里達只會同意，透過思索「死亡」人們得以着意自身的存在：顧及死亡即如顧及並且將注意目光回向自身。這是說，意識及「死亡」，只是人們意識及自身（的存在），乃對自身（的存在）有所醒悟而已。[48] 真正的死亡，乃相應人無所意識的狀態而言的，如此即表示人不再存活了。是故在人之存活時，死亡無法真正示現出來，永無法得着其真正之意。從人之口中得來的「死亡」，又或是人所描劃、解說出來的「死亡現象」，既非死亡且與死亡無涉，只是包含着矛盾成分的吊詭而已。

三

進而論之，我們可以探討「死亡是否一種給予」或「給予死」的問題。藉由德里達解說的亞伯拉罕殺子獻神故事，得知給予與贈送的關連，如是跟從德里達的意思去理解，給予與贈送無

48　筆者中譯。參 *The Gift of Death (second edition) & Literature in Secret*, p.16.

異，都不為人所能真正意識得到的。如作深究，自會知曉一點：以撒被予以死亡，乃亞伯拉罕忠於神、忠於信仰所得來之果，如德里達說道：「死亡的給予，不作為某物，而是作為神恩本身，是為神恩的施予，是為神所給予或贈送之禮。如此的天賜之禮必定不為被給予者或受贈者所認知，而且也不為他們得以接觸給予或贈送的來源」[49]。這反映的是，亞伯拉罕並無思索與辨識其所做的行為，也即是指他對「給予死」不假思索之餘，抱持的只有忠信。透過揭示這一觀點，就得以獲致一更為重要的結論：「給予死」的問題乃不能加以思索的。

不能思索「給予死」，當是順應討論死亡不為人所能意識之問題而言，然則又可得着另一些值得深思的問題：死亡，對人來說，是否一種給予？如何可以認為是或否呢？怎樣界定給予的意義呢？相關的問題，大可推延引申出來，不過依上述的結論，我們已然清楚得知：我們無法提問相關的問題，因為我們對它們實無知的，我們一旦思索它們，它們就不是作為它們自身了。

> 對自身來說，並無『天賜之禮』可言；它不為自身所能想及，除非想及的是它的不可逆轉性。[50]

49　筆者中譯。參 The Gift of Death (second edition) & Literature in Secret, p.41.

50　筆者中譯。參 The Gift of Death (second edition) & Literature in Secret, p.43.

　　死亡，人無法知之；死亡是否一種給予，更遑論人去談之。作為人，能夠想着「死亡是為甚麼」的問題，但也因為為人之故，「死亡是為甚麼」的問題實不能被真正想及。這是人所面對的吊詭，於自身活出來的吊詭。由是觀之，德里達對「死亡」的審視，不無衝擊海德格的學說。「人自身如何去詮釋死亡，如何去表達，或圖像化，或示意死亡？即使跟從海德格所想那樣也好，人們真能確切地去感悟死亡的可能性，或說是不可能性的可能性嗎？」[51]

四

　　實質上，德里達說及死亡與人之意識的問題，可引用現象學始創人胡塞爾（Husserl）的論說剖析之。對於死亡，或是死亡現象能否被直接認知與及描述的問題，劉國英便從胡塞爾提出的超越論現象學（transcendental phenomenology）之立場析論，得着相關「塵世中的自我」（mundane ego）與「超越論層面的自我」（transcendental ego）的見解。依他所言，胡塞爾的超越論現象學不能反思人之死亡，不能賦予死亡任何意義，總言之就是不能理解死亡。這是因為死亡乃是「塵世中的自我」之死亡，永無

51　筆者中譯。參 *The Gift of Death (second edition) & Literature in Secret*, p.12.

死亡可言的、作為概念層面之「超越論層面的自我」，就沒能
與和它有所區分開來的前者關聯上了。[52]

　　雖然可以認為，從胡塞爾的現象學進路不得以反思死亡，乃
是其哲學論述方法的問題，是將概念與實況分層所產生之困難
後果。不過，胡塞爾以關注人之意識為題進行哲學工作，他既
處理不了死亡的問題，也即揭示出意識與死亡之無可相干，或
可以說，死亡不為人之意識所能觸及此實況從而被定調了。

　　話說回來，得着「死亡乃不為人能知」這實況，是否就對海
德格論死之說有所衝擊呢？對此論析，實針對能否言說死亡和與
之關係物的問題。如上已論述，死亡本身不被意識所及，亦即不
可被言說得了，所以被言說出之「死亡」實不是真正的死亡。然
而，所謂與死亡有着關係之物又是指甚麼呢？從一方面看，若然
死亡不為設想的，那也不用說設想與之相關的任何「東西」了，
因為所能想及的乃不為確切的，乃與真正的死亡毫無關係可言。

　　但我們總是用「死亡」標稱死亡，透過言說表達出死亡的實
況來，那麼我們全是胡思亂想，空想出沒能想像的東西來嗎？易
言之，死亡真的不能說、不能想、不能被形容為某「物」或某「存
在」嗎？以海德格的論說審視死亡，終究不是直說直現死亡本身

52　參劉國英：《解構死亡：現象學的進路及其蛻變》，收入《凝視死亡：死與人間的
　　多元省思》，梁美儀、張燦輝合編（香港：中文大學出版社，2005），頁 27-8。

為何物，而是將死亡之特性作顯題化處理。直言之，所謂的死亡之特性即是：存活不再。縱然依然存活的人不能知悉死亡本身是為甚麼，也總認知得到死亡為我們帶來甚麼。由是，海德格並沒胡思亂想，空想死亡作為甚麼，而是透過對實況生命的感悟，勾勒出實質與死亡相關的景象出來。從中海德格強調的乃死亡之「可能性」，亦即意指為「不再存活的可能性」，可以說這是從反面看死亡，並不直說出死亡是甚麼，但也不無關係至死亡。就從這意義上看，海德格說「死亡」並非沒可能，也沒與德里達的觀點產生對立、矛盾之處。只可說，觀視兩人論說死亡問題，實有着參悟存活的意義之可能。

第二節

死刑作為刑罰的異化

　　從《德里達中國講演錄》中，得見如下的一段話：

　　　　首要是標題的問題。為甚麼要將死刑納入『寬恕與背信』主題名內或名下呢？第一個原因像是自然而然的。儘管過去我們對不同於背信的寬恕之於司法領域、刑法邏輯的那種陌生與異質事實已強調很多（雖然有些結構與實質性的複雜化過程，如赦免權，由於這種例外而奠定了法

律，我這裏不再重複），儘管寬恕語義與法律及刑法的語義存在着極端的異質性，我們還是禁不住認為正是基於死刑作為合法機制，作為法制狀態下由國家管理的刑罰，死刑在其概念、目的、斷言中企圖成為，我強調它企圖成為不同於殺戮，不同於犯罪，不同於一般殺人的別的東西，禁不住去思考死刑對於被判者的生命來說，不可逆轉地終止了任何改正、贖罪，即便是懊悔的前景。至少對於地球上的活人來說，死刑意味着它所懲罰的罪行對於地球上、社會中的人來說，是永不可饒恕的。一個受害者在其心中誠然可以原諒一個被處死刑的罪犯，但社會——或者說判人死刑並執行之的法律機制，乃至掌控赦免權的國家首腦或執政者，卻拒絕（赦免）被行刑者，這樣的社會、這樣被再現的社會等級不再原諒甚麼。好像是這些權力決定了犯罪應當永遠得不到寬恕：在這方面，死刑意味着無可補償或不可寬恕，不可逆轉的不寬恕。寬恕、寬恕的權力因而回到了上帝那裏。原諒我，上帝！ [53]

---

53 引文摘錄自《德里達中國講演錄》，杜小真、張寧編譯（北京：中央編譯出版社，2003），頁 205-6。

一

　　直言之，死刑乃是一種吊詭。它之所以為吊詭的在於它作為刑罰，既意味着針對無可補償或不可寬恕之罪行，但它本身又終止了罪犯任何改正、贖罪之可能，故此它之不可逆轉性造成了另一無可補償的結果。由是，可見死刑以不給予犯人補償的途徑去對待犯人犯下的不可給補償之罪；而它之執行意謂不對罪犯作出寬恕，這又會否使它自身涉及了不可寬恕的問題呢？

　　首先，我們可以看看刑罰是怎樣的一回事。毫無疑問，刑罰相對於罪行、罪犯而言。一旦某人犯罪，定然有對應的刑罰加之於該犯人身上。對此，值得思索的問題是：甚麼罪行須以死刑對應之呢？或者問：犯下哪種罪，乃該致死呢？顯然，我們大都會衝口說道：「殺人！」、「謀殺者死！」然而我們曾否想過，殺人者是否須以其死作了結呢？如此一問，則衍生另一問題：致殺人者死，乃作為刑罰的一種嗎？

　　死刑，是一種刑罰嗎？

　　刑罰，旨意犯人作甚麼呢？是要他們改過、回饋社會來贖罪，還是要他們受苦，受着身心的折磨以抵補償呢？如果刑罰是要犯人受苦，那死刑能夠予犯人痛苦嗎？在法制下執行死刑，依人道之故，我們難以設想可以對死囚為所欲為，給他們施予

殘酷的致死之法。是故以死了結犯人，究竟致令他們嚐到痛苦，還是便宜了他們？死刑，對被施予者而言，定然是最大的痛苦？作為被施予死刑者以外的人，無從得知。

那麼，既然無法引證死刑的果效，就難於視它為一種刑罰了。刑罰，須着眼於其效用而言的，審視之，我們雖避不了探討每一刑罰剝奪犯人某（些）權利的特性，但總講求從犯人身上獲取「回饋」的意義。如是說，刑罰定然旨意要求犯人回饋社會，因為如此，刑罰該給予犯人任何改正、贖罪之可能。因此之故，死刑若作為刑罰的一種，則將刑罰的本意抹殺，只着眼於剝奪之一面，乃將刑罰異質化了。所以將死刑看成是一種刑罰，確難以成話。

二

在以上的引文中，德里達提及「不可逆轉的不寬恕」，表示死刑作為刑罰的話，乃呈現出兩大缺弊：一是指死刑之不可逆轉性，另一是指它不包涵寬恕。德氏提出前者，很顯然批判死刑褫奪犯人重新做人的機會，藉此暴露了有過錯的人無從改過，無法以回饋社會的方式來贖罪帶來之缺憾。至於後者，德里達提及之則該指出，刑罰應包含寬恕的含義，反過來說，寬恕應是刑罰之目的。

　　刑罰之目的乃是寬恕？對可以被判死刑之死囚，我們該原諒之？有理由支持如此的看法嗎？

　　德里達就告知我們：刑罰不等同於殺戮。由此，不難理解到：雖然死刑不是殺戮，但它脫離不了「殺人」這一目的與結果，因而與殺戮釐清不了關係，兩者也不可區分開來。在這意義上，視執行死刑本身為一種罪行，實是值得思索、討論的問題。而且，殺人可以出於衝動，也可以因謀劃所以然，但刑罰就必然經考慮從來的，並無出於一時的激動所以行刑之事。不過合法地籌謀去判死殺人者，又何嘗不是一種「謀殺」呢。尤甚者，德里達指出，沒有人有着判決與執行死刑的權力，意謂同樣是為人之我們並無殺死同類與自己的權力。總言之，刑罰與死亡該無關連。

　　既然刑罰不該致人於死，那就是予人新生。如是，即意味着刑罰之要求犯人改過、回饋社會來贖罪，就是一種人對人的寬恕、原諒，無以極刑對應犯人所犯下的「死罪」。或許，作為受害者本人，或作為受害者的親人，永無法寬恕、原諒犯罪者也好，但總不能以「殺人的方式」尋求補償，因為只要「殺人」，那就洗脫不了「犯罪」的意味了。而且，更須注意的是，我們實無法作出充分的理由判定甚麼罪行應以死刑處之，也無法真正得着「罪有應得」的定論。

　　至此，對死刑的問題，我們不須得着最終的定案，或是支持

或是否決它的存在與執行。經對死刑問題的討論，我們已然有所
獲致：思索刑罰的本意是如何的，揭示出死刑作為刑罰衍生之自
相矛盾問題。續言之，我們在上一部分闡論過「給予死」的問題，
透過德氏的解說，得着死亡不為活人所道之真相。藉此論之，將
可見死刑構成的另一弔詭之處。要是死亡不為人所知，那麼予
人死亡之死刑是怎樣一回事呢？死刑，予人不可設想之「物」，
這可能的嗎？

三

　　我們之可以設想死刑，乃意味着死刑本身可被設想為一
「物」，一般意指它為「人赴死的方式」，着眼的就是「方式」
此一存有；然則進而析之，當會發現「死刑」本身為一不可能的
設想，因為它與「給予死」無異，同樣牽涉意識及「死亡」本
身之疑難。如是，我們既知曉死亡乃不為人所知，那麼又如何
去理解「赴死的方式」呢？審視之，我們大可有如下見地：死刑，
以可能意識及的條件造就不可能意識及的後果，乃可能與不可
能「並致」於一身，因此它是為一弔詭。

　　另說，我們如何認定哪一（些）「方式」必然導致人之死亡
呢？　就此，從人之常識層面去說，顯然得見人的身體之死亡，

就示意人之死亡，這主涉生理上的認知，也關於生物學與醫學的知識及判準。難道，哲學不以為是，自有其判定人之死亡的一套格準？

哲學的反思，自不會與常理背道而馳，其價值實質在於發掘與人相關的一切之深層意義，藉使人得以認知更為富有涵蘊的意義，透視生命最為基要的本質為何。因此可以確切地說，哲學本身是為「不斷的反思」。只有對同一事或物或景象作不斷反思，才自會得着不同，且越是深層的含義。這樣的述說，不是為了辯護哲學帶來非日常化的衝擊，也不是推崇哲學為尊，稱謂它定然有着凌駕其他學科的深度。是故透過哲學審視死亡問題，只是力求開顯可被設想與思量的進路、範疇及層面，以圓滿一切可以達及之可能。

因此之故，說及死亡本身不為人所認知，以至指出死刑是為以可能的條件造就不可能的後果之吊詭，無非點明了死亡問題有着人力不能處理之的限度，但也展示了死亡問題乃人旨趣於思索這一恆定真相。這是經哲學審視後呈顯的澄明見地。

第五部分

死亡與現代世界

第十一章

自殺與安樂死

「我要安樂死！」這是斌仔曾幾何時要求的。[1] 如斯主動要求死，是否一種自殺呢？自殺與安樂死有沒有關連呢？這些念頭因何而起呢？透過醫學角度可以解釋嗎？還是要從心理、宗教層面作討論呢？本部分的論析，會透過哲學方式開展與進行，首要地就是探討「抉擇死亡」這問題。

生，從不為人們所能抉擇，但死，可以嗎？我們選擇了結自生，就算作是一種對死亡作出選擇之舉嗎？我們選擇自我了斷與甘願給人所殺，前者是否可能，而後者又算是自殺嗎？從另一方

1　斌仔，原名鄧紹斌，在一九九一年某日上體育課時因後空翻意外，導致全身癱瘓，只有頭部可供支使。過了臥床十二年日復日的生活後，曾致函當時的特首董建華，要求擁有終極自決的權利——安樂死。此舉引起了香港社會巨大的關注及迴響，後經各界人士的慰問與援手，斌仔最終答應重新尋找延續存活的意義。詳見斌仔：《我要安樂死（修訂版）》（香港：三聯書店，2008）。

面說，探討「抉擇死亡」的問題總免不了觀視「為何」這方面的問題，亦即探討「人們為何擇死」這問題。如若探討箇中因由，可以得出很多原因來，但最為值得關注的是：是否有東西較於死更為痛苦，以致人們願意擇死而輕生？很顯然的，我們隨即想到擇死的人可能是重病纏身，其生命已然無望，其患病之軀有的只是無盡的生理與心理交纏着的痛苦。如是，生命為重病瀕死的人確然帶來較死更為難受之痛苦，這自然而然作為尋求自殺的一個「合情合理」的原因。由此，相關的「安樂死」之問題亦衍生了。如是，我們就先對「安樂死」作討論，藉以探究自殺或擇死的問題。

一

　　綜而觀之，得見患癌末期的病人瀕死時極為痛苦，他們終日飽受折磨，醫學上的治療對他們已然無效，唯有代之以安寧療養的照護緩和病情為主。根據臺灣的「安寧緩和醫療條例」，末期病人被定義為「罹患嚴重傷病，經醫生診斷認為不可治癒，且有醫學上之證據，短期內病發引至死亡已不可避免者。」[2] 末期病

2　轉引自鄭依青：《論癌末病人醫助自殺之道德性》。該文為國立中央大學碩士論文，作者於 2004 年修畢。

人，在醫學上意味着瀕臨死亡的人。他們身患的疾病不可治癒，而其病所引起的劇痛也不一定依靠盡心盡力的照護就能安撫的，因此有所謂的「醫助自殺」之訴求。這即是指，在醫療與照護無效而痛苦難以解除的情況下，病人主動請求醫生協助以了結自己的生命。如是，「醫助自殺」的用意，立基於同情病人受苦，助他們結束他們無意延長的生命。近年對「醫助自殺」的討論，多以審視它的道德理據為主。簡言之，「醫助自殺」這標稱着顯了在病人擇死的問題中醫護人員之角色與其影響性，但歸根究底始終與「安樂死」問題無異，最深究的乃是病人本身之「擇死」事宜。

「安樂死」，乃 "Euthanasia" 之中譯。從字源層面去看，它是由希臘文字根 "eu" 及 "thanatos" 組成，有着「美好」與「死亡」的意思。故此「安樂死」指「美好的死亡」，又可簡稱為「好死」。我們對此可以反思一下，死亡會否美好的呢？有所謂「好死」嗎？又有沒有「不好的死」呢？用「安樂」指謂「美好」，恰當嗎？「安樂死」之「安樂」實須加以審視，着眼於討論「安樂死」的分類問題有助我們釐清對「安樂」的理解。

在倫理學的層面說，「安樂死」大致有着兩種分類：一類為「主動的」及「被動的」之分；另一類為「自願的」(voluntary)、「不自願的」(involuntary) 和「非自願的」(non voluntary) 之分。

「主動安樂死」被理解成「無痛致死」(mercy killing)，而「被動安樂死」指「聽任死亡」(letting die)，前者與後者的區別僅在於積極或消極求死而已，兩者皆意味着病人出於自願而求死的。這繼而可把焦點放在第二種分類上，審視「自願」與否的問題。顧名思義，「自願安樂死」就是指病人願意死，「不自願安樂死」指病人不願意死但得要死，而「非自願安樂死」謂病人本身沒有示意願意與否，只任由他人代之決定其死。[3] 筆者已言，本書並不進行倫理學式的探究，也不依據倫理學層面來反思問題。因此，在這裏不會就每一類別加以論析。雖則如此，大致上我們卻已可以找到反思的重點了，那就是提出如下問題：觀視以上提及過的類別後，我們得以明了何謂「好死」或「安樂死」嗎？

　　自願求死，未必就是死得好、死得安樂，不過倒可以知道，自願求死之人定然過得不好、不安樂了。如此一來，「以死告終」此舉倒算是對病人有着好處，因為得以死就不用憂生而不得安樂的問題了。而且，求死之人該以最為快捷、最不痛苦之法作了結的，這樣談不上是好的死或安樂的死，但也不可斥之為不好的死或不安樂的死。總之，審視自願死的事宜，大可得見「好的」

3　有關論及「安樂死」的文章繁多，其中可參詳羅秉祥：《安樂死所引起的爭論》，收錄入《生死男女》(香港：突破出版社，1997)，頁 75-100。

或「安樂的」意義在其中，這是對病者而言的。由是，可想而知「不自願死而死」及「非自願死」便引起更為值得關注的問題了。兩種死同樣剝奪去病人本身的生存權，相較之下前者更為不妥，因為病人表達不願意死也得要死，就如同被處決一樣。不過，後者並非引發着較輕的問題，如若深究之，可進一步審察一個重大問題：他人能否主宰我的生命呢？當然，不自願死而得要死的病人同樣面對這問題，但「非自願死」更為凸顯着這問題的爭議性。因為無從使他人意會或知悉意願，就可以被看成是一種「肯首」，願意讓人任意決定生死事宜嗎？「非自願死」帶出了病人本身被他人百分百主宰的問題，病人本身因此死去對其而言不知是否不幸、好或不好、安樂或不安樂。如此「不知情」，又是何其不幸、不好、不安樂之事！

總言之，不是自願擇死，對病人而言就並非好事，從中無從說出「好的死」或「安樂的死」之含義。然而，自願性質的安樂死，多少有着自殺的成分，若然說它可以是「好的」或「讓人安樂」的，那麼這又是否意味着自殺也可以是「好的」或「讓人安樂的」呢？繼而言之，自殺，或是擇死，又是否為人提供一條「出路」，作為人一種解決問題的方式呢？

二

　　以上從病患的角度談論擇死的問題，現從另一向度作出審視。在日常生活中可知，人們擇死也不一定歸因於生理上的病患之故，也可能由於人們的精神出了問題；換個說法，自殺是一種心理疾病，尋死的人可能出於精神錯亂，不知所以，無法辨知自己步向自毀之途。亦言之，自殺是不正常的行為或選擇，違反了人求生的本性。就此，我們須深思：

　　有否合於自殺自毀的理由呢？

　　先前討論的「安樂死」有着理由支持嗎？如果正常人之尋死就是不正常的，那可以說，不論任何原因，擇死的人就是不正常的人了。從此義再說，因受重病之苦、瀕死而選擇「安樂死」的人就有着非一般、不正常的存活狀況，如斯不正常的存活區別了正常與不正常兩種人來，但又可否說道：正常人有其正常的過活與及存活抉擇，不正常人亦有其不正常的過活與及存活抉擇呢？可否進而言之，不正常之人有着不正常之舉，乃合其情理之事？那麼，過着不正常生活的不正常人尋死，就是否活現其不正常的合理性？

　　至此，我們應審視幾點問題：第一，有否正常與不正常之別？如何區分兩者？所依持的標準如何被界定？第二，從正常人的角度，可以判準，以至定論不正常人的抉擇嗎？可以以「己」

之見，訴說「他們」的不是嗎？第三，從「人」這最為廣義的基層去反思生命的問題，是否最為恰當？是否只會得着人必然求生的價值觀？是否理所當然地判定自殺乃毫無價值與意義之事呢？

以上的問題，誰人可以嘗試解答？我們每一個人也可以。但又有誰可以作出最終的議決，列出皆為我們每一個人接受的定案呢？不得而知。

傅柯（Foucault）曾深思考察過「瘋狂」與「理性」如何被論述、定義的問題。據他所言，只有透過兩者的對立關係，它們各自的獨立意義才被理解得來；如此即是指出「瘋狂」與「理性」彼此間存在着必然的差異，進而論之，亦即反映着「瘋狂」是為「理性」研究、監控、批判、消毀的對象。「瘋狂」永遠處置於「理性」底下，被後者設定為無法挽救的「他者」。[4] 我們反思自殺的問題，論及正常與不正常之別，究竟會否陷入傅柯所質疑與指責的景況，欲以「正常人」的向度審視「非正常人」之事，強加批判，又或監控、鄙視，猶如「理性」壓制「瘋狂」般？

在日常生活中，我們很多時候也會遇上與己不同的他人，當

4　參傅柯著：《古典時代瘋狂史》，林志明譯（北京：三聯書店，2005）。尤可參閱《大禁閉》（"The Great Confinement"）及《瘋人院的誕生》（"The Birth of the Asylum"）（或譯作《精神病院的誕生》）兩章。

中或許有界別為精神有問題的、不正常的一群，然則在哲學思慮裏，關注的該是意義或及價值的問題。因此，在探討自殺問題的事宜上，哲學在於思索自殺有其意義或價值否。

　　可以知道的是，無法抉擇生於世上的我們可以改變自身在世的命途。擇死，也是一種改變，但它有別於其他一般的抉擇；它是為一切抉擇之終結，生命因它而改變，卻不為它而續見改變。生之於世，既是命定，續生還是擇死，也是命定的結果嗎？選擇死亡的自然到來，造就生命已然被命定的結果，不是更為符合「天意」嗎？擇死，要麼淪落為一種無力的、對天命的渺小抵抗，要麼就是顯現生命的至極可悲性，一種較自然而死更為可悲的悲：以死結束生命，反映着生不如死的最大生命之苦。

三

　　當然，我們非要認定有死的生命必為可悲的，也非要認為死亡就是一種悲。不過，主動抉擇死亡了結生命，總呈現出生命的悲情來，更甚透現的，就是生命的無奈：在生的人們困限於命途當中，擇死與否總得要死。

　　有死的生命，是否一種荒謬？

　　如果有死的生命並不荒謬，那它到底有甚麼含義呢？是否讓人知曉生命會死，是故活着才有意義呢？活着，是否就有着意

義呢？還是要在死前多做一般所謂有價值之事，才算有意義呢？甚麼算是價值呢？是否關顧他人多於自己，就是做着更有意義或價值之事呢？反過來看，有死的生命就是一種荒謬的話，那麼人們如何在荒謬當中活着？活在生死之間，是否一種矛盾、衝突？活着的生命能否永久不死？沒可能的話，又能否選擇死亡以了結生命的荒謬？自殺，是否一種消卻荒謬之舉動呢？[5]

　　審視之，生命的荒謬沒大不了。它是否生命的痛苦？它是否構成生命的痛苦來？荒謬，並不等同於痛苦。荒謬的生命可以毫無痛苦可言，無痛苦的荒謬生命可以活得快樂。若然活得快樂，怎樣的荒謬也好，都沒甚麼關係了。所以，活着的人們能夠接受生命的荒謬，在活着時能夠對死亡無動於衷，不為死亡所制約。

　　生命的荒謬，不能作為自殺的理由；生命的痛苦，才會引起人們主動擇死的念頭。叔本華談論人生時，指出人生只是在欲望和成就之間不斷流轉，就欲望的性質而言，乃是痛苦的；成就則總會讓人生厭，所以人生只會不斷地產生空虛、厭倦、乏味無

5　卡繆（Camus）認為自殺有兩種，並皆反對之。對他來說，不論是身體上的自殺，還是思想上的自殺，也是放棄自己的表現。他謂人們自己的生命，縱然荒謬極致，就是要給自己去負責任的，既生於世上就要從中尋至人生的意義。參傅佩榮：《自我的意義：齊克果‧馬塞爾‧海德格‧卡繆》（臺北：洪健全基金會，1995），頁175–203。

聊。如此的人生總是活在掙扎中，實痛苦不已；如此的痛苦原是人生中固有的、不可避免的，要消除它極之困難，因為人生的痛苦不只一種，而且某一種痛苦縱然被僥倖地消除，它也會「蠢蠢欲動」，將再次重臨。[6] 叔本華告知我們生命原是痛苦的，但難道為了擺脫一切痛苦而就此放棄痛苦的生命嗎？

怎樣痛苦的生命，總會有快樂的時日伴隨。當痛苦的生命得不到快樂時，會更為痛苦；然則獲得快樂的一刻，可以超越所有的痛。生命的痛苦，因此不是自殺的理由。因為生命不單只有痛苦，還有快樂。我們活着，就是去尋求快樂，也因為得以快樂，我們依然活着，這是對生命之意義和價值的體驗。

生命的快樂，就是存活的意義和價值的根源。自殺，沒有理由支持的。

6　見叔本華的《痛苦無從避免》一文，引錄自《得與失的智慧》，頁 222-3。

第十二章

死後存在的問題

　　當死者已然死去，在現世無法展現活動義，那仍然存活着的我們便稱謂死者不再存在了。這種看法是很顯然的常理，亦可以說是自明不疑之事。但依舊活着的我們如何認識得到，死後沒有世界呢？如何去驗證死後真的有或無世界之存在呢？又如何知悉死後的「人」不再「存在」或「活着」呢？對以上的問題我們說不出真實的答案來，當然不能作任何的肯定，然而也不能作出否定。那如何是好？直言之，我們既在現世，就只好以現世為限，作有限的推想，或者更為恰當地說，在現世的我們只能夠以在世的向度想非在世之事。想不存在於現世之事，就是想像，可以是聯想、幻想，乃至是空想。是故，我們不該為想像的方式所困擾，因為想像本身就是不完全真實的，其價值在於它乃銜接在世與離世，作為聯繫二者之間的「橋樑」。因此我們所

須關注的應是，所想像之事有否意義，能否讓在世的我們獲致一些價值。

一

　　從現今日常生活的層面舉例，可以再說說葬禮的意義。[7] 葬禮，為生者還是死者而設呢？在葬禮上，生者是否與死者有所溝通呢？毫無疑問，葬禮既為生者也為死者而設，在當中生者以己之向度給予死者慰問、獻上祝福，或說出心底之事。即使生者只是單向地傳達訊息予死者，又從死者處得不到任何回應，這也是生者與死者之間的溝通，是一種想像式的關係，透過單方面的想像圓夢。當然，如是的想像關係無時無刻都可存有着，也不受環境所限制，因而這反映的是，葬禮是為最具形式、規範的，作為生者與死者之間的溝通場所。[8] 從另一方面看，死後的葬禮安排，未亡人可以提早在還在生時計劃，這樣在其死後他（們）便可以透過在世依然存活的人們，得以「存在着」。

7　有關中式的殯儀安排與過程，見梁鳳縈：《殯儀》（香港：嘉出版，2008）。書中講述了治喪程序、守夜做法事、喪葬宜忌等情況與事宜。

8　在現今社會裏，哀悼習慣不再拘泥於形式，又不一定須經過社會的約定俗成而進行的。因此，何謂恰當或應當的哀悼行為，是沒有嚴格的判定的。相關的討論，參《最後的舞蹈：關於死亡》，[美] 林思．德斯佩爾德及艾伯特．斯特里克蘭著，夏侯炳、陳瑾譯（北京：中國人民大學出版社，2009），頁 282-4。

死者的存在，透過在生的人們的想像呈現着；藉對死者舉行儀式，在生的人們承認着死者之離世與在世。

在日常生活中，我們大可認為已死者與仍然存活的人之間的聯繫依舊存有着，稱謂已死者在仍然持續的意義關係網絡中「呈現出來」，例如為死者下葬、舉行葬禮、拜山、上香與悼念等等活動便構成了如是所說的意義關係。可想而知，缺失了已死者就沒能構成如此的意義關係，反過來說，某些關係乃活人與已死者共同構現的。審視之，死者的安居之所也並非只是為死者而設的，也是同時為生人而建的。[9]

不過，已然死去的死者縱然存在着，也不是以一般在世存活着的模態示現其存在。死者可以活於活人心中、腦中，但總不可以如活人般活現；可以說，死者之得以存在；生前的他們之得以能夠在其死後續「現」於現世中，乃只有依靠他人來「實現」了。在這意義上，死者之能在，是被動的。這顯示出，死者始終與生者有所區分，二者有着存在的界線與異質。

9　參看張燦輝，《「艾羅思」與「桑那托思」：墳場中的裸體雕塑》，收入梁美儀、張燦輝編，《凝視死亡——死與人間的多元省思》（香港：中文大學出版社，2005），頁 279。有論說更指出他人（尤指所愛的人）的死亡等同「我」自身的死亡，見 Francoise Dastur, *Death : an essay on finitude*. trans. John Llewelyn. Atlantic Highlands, (NJ : Athlone, 1996), p.46-47. 故此可見，已死者與存活者之間的關係是可以如此的緊扣不分的。

二

　　無可否定，死者與活人顯見的區別，在於前者沒有了軀體，故從五官作感知的話，活人無可體認死者在世之存在否。若要從心靈或精神的層面感通死者，又只可以算作是個體所能認為做到之事，既非普遍情況，也難為絕大部人所能認同。深究之，可以認為對死後存在的種種想像，全是自欺之舉，沒有一件想像得來之事真實地發生過。相較之下，活人對死者的回憶還算是「想像出來的真實」，單靠回憶還可得着一種「永恆」，至少在活人還活着時如是。不難說出，傳宗接代的回憶可以創造死後存在的不朽性，但後人沒能親身對已死的前人有所接觸，那種創造出來的不朽，又可以是一種不真不實的想像。

　　如此說下去，人既能於創造，那人對死後問題的創造總關涉靈魂出竅、靈魂不須依附肉身而自存等討論。一方面說，如果死者的靈魂還可以在世存在，那活人從何得知？另一方面說，「靈魂不朽」的想法終究出自活人的腦袋，有否「靈魂不朽」之死者「現形」於世，於世留下了「痕跡」，藉以引證如是的「現象」之真確性？

　　有關死後存在的問題，過去已有不少人提及與討論，他們大

多有如下的想法：[10]

> 死後真的有各宗教所說的天堂或天界與及地獄或地界
> 嗎？死後真的有另一個時空或世界嗎？在那裏會有另一
> 種形式的「存在」嗎？若果在「彼岸」有另一種形式的
> 「存在」，那麼會有「生死」的問題嗎？有「生死」的話，
> 是否有「永生」或「永死」的狀況？現世與「彼岸」是互
> 通的嗎？生與死是否在這兩處地方循環不息呢？

死後是否存在之問題，實玄之又玄，在世的人們無從開解。
硬要說死者以另一種形式依然自存着，或是說死者去到另一世界
繼續過活的話，當可說是「自話自說」了。退一步給予同情理解，
也只可以說出：死後存在只能成疑，該以問號標識之。

三

　　但我們也可以設想一下，人死後會以另一種形式存在的景
象。如是想，就是旨意找出意義來。那麼設想死後得以存在有何
意義呢？可以給予和死者相親的在現世依舊活着的人一種安慰，

10　相關的提問與討論實不為少，當中可參歐崇敬：《世界的圖像與構造：邁向存有學
　　的最終理論》（臺北：新視野文化出版，2000），頁71-86。

這是心靈或精神層面之慰藉。不過，死後存在的設想實在帶來不少無法解決的困惑：所謂死後的「存在」，還可以被說成是一種「生」或「活着」嗎？可以的話，就得着一定調：死前死後也是生，也是活着，如此該無分死前死後之別。然而，死後的「生」或「活着」實是死後才稱之，與死前的生（活着）至少在形式上已然有所不同，由此看來難以說道死後的「存在」乃是現世所指稱的生或活着了。若然不得說是生或活着，可以說成是「死着」嗎？如是，又如何理解死後的「存在」是在「死着」呢？此乃第一個疑難。

其次我們不能夠證實，死後的「存在」可以恆存。如果設想可以的話，那麼人就得以「永恆地存有着」了，縱然這是指其死後之事。當然我們可以標稱，如此的「永恆存在」是為「永生」或「永死」，卻難於釋義。甚至乎說，未死的我們作如此的設想，實是徒然的，皆因如此設想得來的意義空浮，從沒有保證可以作為支持的。但換個角度看，這般設想人死後得以存在，不又是一種人寄予自身與他人的希望嗎？

活着，人需要希望。

人的希望指涉將來，在死生的問題上，即關乎如何看待死後之事。如果我們對死後之事毫無設想，只把專注力放置在活着的光景上，也並無不妥；或者抱持合符於儒家所謂「未知生，焉

知死」之態度處世，實可以彰顯出人生的意義來。但在當下眺望往後之事，實為所有人做過的；那麼在活着時設想死後之事，所有人也該有過吧。問題是：對死後設想是否包含希望的含義呢？可以說，人在活着時所作的任何展望或預期總不免帶着希望的成分，那麼設想死後之事時，也不能抹走希望了。抱持希望，在活着時想死後的問題，有甚意義？為求安心？自我安慰？不論為何，須審視的是，任何寄予死後的希望真能實現嗎？如果「夢境」不能成真，那「希望」不會給予抱持它的人痛苦？希望本身又是否一徒然的多此一舉呢？事實上，對於任何活着的人來說，設想死後之事大可天花亂墜也無傷大雅，因為預設了的希望能否得以成真無可獲知，如是說好像貶抑了希望的價值，但也正好彰顯了希望本身的意義。

　　設想死後存在的問題，最為滲注希望了。

四

　　最後，以討論「生與死是否循環不息」的問題結束本章。這問題離不開對死後存在的聯想，然則焦點不是投放在追究死後的存在如何轉化為生，又或者是如何才可以從死復生等方面。在此，我們該去反思：如果生死之相互轉化乃循環不息的，那麼我們如何審視活着本身呢？

　　既生亦死，死後又再復生，我們還用留戀生之時嗎？生，因有死之故，予活着的人重視之、珍惜之，致令人們為求於在生時活出意義或甚價值，無悔今生。一旦人死而又可復生，那麼從如此的「生死狀況」去看人生，還可以說道有生與有死嗎？如果我們認為從死復生之人已然不是重蹈前生，所以沒了前生之情緣，實為人之悲哀，那還可以說人們在今生今世用心過活，乃自有意義與價值在其中，不在話下。但如果重生乃是延續前生，那麼意義何在呢？

　　米奇·艾爾邦（Mitch Albom）撰寫了《最後 14 堂星期二的課》（*Tuesdays with Morrie*）和《再給我一天》（*For One More Day*）兩書，刻劃了確知自己瀕死之人面對着死亡一步一步接近的景象。當中的情節既有描述瀕死者誠懇地觀視自己在死亡面前的恐懼與脆弱，導出了他們承認自己對人世的依戀；也描述了他們勇敢面對死亡，窮究死亡的多重意義，藉以重新看待生命，展示了視死如歸的人洞澈人生之後的清明、安靜與愉悅。[11] 如此深透地刻劃瀕死之人的一舉一動，無疑讓該兩書的讀者在閱讀時上着「甚麼是人生」的課，讓他們從而思索一些人生所會

11　見《最後 14 堂星期二的課》，白裕承譯（臺北：大塊文化出版，2006）及《再給我一天》，汪芸譯（臺北：大塊文化出版，2007）。

面對的問題，啟迪他們。

　　然而，若然死後真的存在，而且重生乃是延續前生，那生命在活着時實不見得有多大意義了。這樣的活着，還要問：如果生命就要結束，會否渴望再多活一天？再給你一天，過往的錯誤，是否能因而從此改變？還用治喪嗎？失去摯愛的親人還用哀傷嗎？以上的問題似乎大為褪色了，因為我們根本不用怕死，也因為我們不用真正死亡。不過，如此的「不死」才是最為可怕之事。如此的話，我們實在不用着意有死之人生的意義，甚至無須理會自己與親人活得如何。沒有真正死亡的人生就是如此乏味、荒唐──不用因為還有事情未去做而感懊悔，也不用急於在生命到達最後一刻前盡能力去改變甚麼。

　　勞思光在《歷史之懲罰》的〈後記〉裏論及「承當精神」與「最高自由」的問題，當中指出個人生命有所限，沒能一人化身百千，去履行理分或義務；自不可免地有所虧欠，或形成「罪」或形成「苦」，永不能圓滿。[12] 勞先生就是告訴我們，生命之為生命，必免不了帶有缺失與遺憾，否則不是真實的。

　　沒死的人生固然也會遇上理分相阻，不得以同時履行的問

12　勞思光：《歷史之懲罰》（新編），梁美儀編（香港：中文大學出版社，2000），頁213-226。

題，只不過我們沒能知悉「沒死」乃生命之真實；我們只能夠知道，真實的生命之所以活得有其意義與價值，全因為它能夠抉擇，抉擇去圓滿它自身最為重視的理分或義務。這樣，生命之是為真實，不僅在於它或抱有遺憾，也示意它往往得以抉擇：能夠去抉擇就是生命之意義與價值了。

齊克果他在《至死之病》說，不死之人乃天下最不幸之人。他說道：「幸福的人在年老時死去，更幸福的人在年輕時死去，最幸福的人在出生時死去，而堪稱所有幸福之最的，乃是從來沒有出生的人。」實質上齊克果指謂，人「生」，不如死；「沒生」，較生為好。他所以如是說，因為他認為人之活着，就是活在以往的記憶與對未來的憧憬之中，然則如此的活着都是不幸的。不幸，在於如此的生活沒有實際內容可言，過着這樣的生活即「既不活在過去、現在與未來」，只會令人焦躁不安而已。說人活着乃不幸之事，可以謂齊氏悲觀非常，但他不無啟示我們，人生而不死才最為不幸。既然活着已然不幸，那麼永遠不死實是不幸中之不幸了。

藉此，我們從中得以反思：不死之人會否滿帶不幸？不死之人能否算作活過？只有自己是不死的，那麼這又是否一種幸福？還是難過呢？所有人也不死，那會有老和病的問題嗎？還可以說出甚麼是人生嗎？沒死之人生或許沒有遺憾，然則無憾的人

生會否是最好的人生呢？再說，沒死之人生成就人生之無憾，
這是好事嗎？沒死地活着，精彩嗎？還是，人生有着遺憾，正
因為人生沒死呢？活着且會真正死亡的我們須認真思索。

第十三章

死與生之意義

何謂「死」？何謂「生」？死生有何關連？二者是否皆有意義？到此，我們可會已然有着一定的想法？

一

《奇蹟》(*My Stroke of Insight*) 的作者吉兒・泰勒 (Jill Bolte Taylor) 曾因急性左腦中風，其行走、說話、閱讀、寫字，甚至記憶等能力大大減退，或是失去了。[13] 《潛水鐘與蝴蝶》(*The Diving Bell and the Butterfly*) 的作者尚・多明尼克・鮑比 (Jean-Dominique Bauby) 也因一次嚴重中風，全身癱瘓，只能眨動一隻眼睛與他人溝通，每天單調地轉動單眼讓身邊人把字母逐個記

─────────

13 吉兒・泰勒著，《奇蹟》，楊玉齡譯（臺北：天下遠見出版，2009）。

下，藉此著書立說。[14] 兩位作者細膩地撰寫出他們大病期間的一切經歷，讓讀者窺探其內心世界，讓讀者深感他們的意志力之驚人，生命動力之無盡止，竭盡力氣擺脫困鎖之堅毅。他們二人可謂處於生死之間，存活於瀕死的狀態中，其生與其死的界線不再清楚劃分。

觀視他們，我們還可以獨說何謂「死」或何謂「生」？又或是我們可以藉他們的景況，知悉死生之間的關連？從中可以了悟死與生的意義嗎？

一個五歲的小女孩罹患了腦癌，一天復一天地失去說話能力、視覺範圍亦逐漸縮小、四肢也逐步麻痺僵化。在她生命中僅餘九個月的存活時間裏，她寫了很多封信，刻意留下給予她的家人。[15] 另一位五十多歲的會計師事務所的總裁暨董事長同樣患了腦癌，醫生宣判他的壽命只剩三到六個月的時間。他毅然辭去所有職務，把握住所剩無幾的有生之日，將剩餘生命積極規劃為「人生中最美好的時光」。[16] 小女孩以能力每天也在衰退，

---

14 尚・多明尼克・鮑比著，《潛水鐘與蝴蝶》，邱瑞鑾譯（臺北：大塊文化出版，1997）。

15 凱斯 & 布魯克・德塞里奇著，《天使遺留的筆記》，林雨蒨譯（臺北：春光出版，2009）。

16 尤金・歐凱利著，《追逐日光：一位跨國企業總裁的最後禮物》，張琇雲譯（臺北：商周出版，2006）。

甚至開始癱瘓的雙手，寄予愛意給她父母；從她父母的角度看，女兒耗盡生命的一點一滴，為他們帶來永遠忘卻不了的那種對活着的堅持，送給了他們能夠賴以活下去的力量。位居高位的總裁從診斷患上末期癌症之日始，在不到四個月的時間裏，透過親身表達展現出一個事業有成的強者面對生命的脆弱、對死亡坦然的故事。顯然可見，不論是小女孩還是總裁，皆以己身引證了人類精神的力量。從他們的故事中，我們無疑可以找到「如何活着」的意義，當中更可以了悟「活得如何」才能夠展現動人、平衡和有意思的人生。

那麼，是否只有患重病瀕死時，人們才能夠真正體察死亡為何物、深切知曉死亡即將／隨時到臨的可能？是否只有在標識為「最後人生旅程」的階段中，人們才能夠時刻對自己之死有所警覺？反過來說，身體並沒抱恙、在平日時刻活動着的人們，會否忘然自身有死，或會否只視及其生之一面而其死之可能卻被模糊淡化？如是問，即欲指出，或許只有在醒覺自己瀕死之時，人們才真正直視其死其生，才能夠從生視死、從死悟生，頓悟死生交合不分的意義。

瀕死，確然是起動覺醒自身之存活意義的首要條件。

如果這是真確的，那就不難設想大部分日出而作、日入而息的我們，對死生的問題總是拋卻腦後，更不用說如此活着的我

們會了悟到死生之意義了。

二

　　難道，生命因不斷的奮鬥掙扎，才顯出意義來？生命的本質就是不斷的奮鬥掙扎？沒有頑抗病魔的日子，人們就沒有了悟生命的意義之可能嗎？如果這是真的，那生命的本質也是一種可悲。生命的悲情，真的造就出了悟生命的意義之契機嗎？我們會否為認識自己存活的意義，甘於墮入生命的悲情之中？了悟得到生命的意義後，又能否擺脫開悲情的生命呢？我們可以抉擇了悟生命的意義與否？我們抉擇了悟生命的意義，是否就能夠如願以償呢？若然我們放棄了這念頭，我們是否就此可以過得渾渾然然，不須費心思索人生問題，而過着這般生活的我們又是否可以脫困於生命的悲情呢？這些問題不易解答，也未必能夠解答得到，或解答得好。

　　我們清楚知道，人本能地愛生厭死。之所以人對生死如是，因為人能夠發展出生死意識來，隨之在意與關注自己，或及他人之生死。人之生死，既為天命；而人之知其生死，也為天命。既然如此，人又能遮蔽其對生死之知嗎？如是思考下去，我們自會認為，懂得如何過活、如何過得有意義，才是作為人的我們該去首要思考的。所以，我們須了悟生命的意義，無可避免地面對

生命的悲情。審視生命，直視生命的悲情，得着的又何止只有人生之痛苦？如是的經反思反省之人生，已然並非悲情的生命；如是的生命縱然擺脫不了生命中命定了的悲情也好，已活出意義來了。

能夠去面對生命的悲情，就不會是以悲之態度迎之。

進而言之，面對生死問題，個人對自身的關注不在話下，但個人與個人之間又是怎樣一回事呢？易言之，我會在意、關顧他人的生死嗎？他人的生命與我何干？我該去思考他人之生的意義，亦該為其死而感傷失落嗎？我也該接受他人在我生時給予的慰問，在我瀕死時給予的慰藉嗎？又或，若然他人不在意、眷顧我，我該強要去關心他人，與及強要他人關心自己嗎？

人與人的關係理應是如何的呢？

三

面對生死，可會有情或無情？不論有或無，情就是要在人際關係中才可說之。面對生死，有情的人際關係是如何的呢？而無情的人際關係又是如何的呢？可以設想，從這些問題能夠獲得進一步的探討焦點，就是：我們如何看待親人的生死？我們又如何看待陌生人的生死？這兩問之所以然，乃預設了人與人之間應然有情，至少某些人際關係乃有情在其中的關係。續審視之，

自會得出一約定俗成的看法：親人之間的關係必為有情的，而陌生人之間的關係不見得有情。而且，若然能夠說出人之無情，也因為先有情之故，所以親人之間不見情，這反映的就是一種情之缺如，乃本該有然而無有的。

再析而論之，我們該設想：每一人際關係是否有着呈現情於其中之可能？若然某些關係見情，而另一些關係無之，那麼我們可否說，情不為人所必然或應然有之，或是它乃可有可無的呢？如是再重視生死之問題，可會得着一想法：面對自身與他人，大可不須談情重情；面對自身與他人之死，也沒講情溢情之必要了。換言之，可否說道：面對生死，無情待之，人之本性也？

情，人皆有之？人存活於人群當中，人與人定然構現着關係來，換句話說每一個人無法割裂與他人的關係，成為獨立於他人關係之純粹個體。從廣義層面去看，即每一個人終究不可與其處身的世界斷開，亦即總不可不活在與他人扣上關連的世界中。也因為如此，存活的人總構現着關係。現值得深究的問題是：情可有可無於關係中嗎？若然既有有情的也有無情的關係，那麼哪一種才是人之原初的關係呢？

對於第一問，多會答：是的。或許，關係不一定與情相干，如我們日常遇見很多不認識的陌生人，彼此一同搭乘公共車輛，或是在同一餐館吃飯，就是共在於種種關係之中，但卻可以無

關涉任何情的感受與體驗。至於第二問,則難以給予直接、簡約的回答。就此,萊維納斯(Levinas)或許能夠予我們啟示。

四

　　萊維納斯非常重視人倫關係意義,認定人之關係必然有責任與愛欲在其中的。在其《整體與無限》(*Totality and Infinity*)之中,他極為鮮明地肯定了責任(responsibility)與愛欲(Eros)之首要性,明確表示每一個人須對他人有責任、有愛等。如是者,他認為死亡不只是屬於他人的,更是與他人所面對的我有着關連的,那是說我總要對他人的死亡負上責任,要對他人這「有死者」(mortal)負上責任;並且,面對他人之死亡,我這「倖存者」(survivor)理應有着一「罪疚意識」(consciousness of guilt),並負上關顧他人的「義務」(duty)。[17]

　　在萊氏的論述中,雖然找不到直接明言或列舉出來的任何具實的倫理應用方法或楷模,但從中已然確立了一點:存在於世的人際關係本是一倫理關係或是盛載着倫理學意義的關係。由是觀之,人活現的原初關係就是倫理關係,這反映的是,自拋

17　參看萊維納斯著,朱剛譯,《整體與無限》(北京:北京大學出版社,2016)p.57; 83; 197-201; 215; 232 & 244-6.

擲入世的每一個我定然與他人構現責任與愛的關係。[18] 依此意義再去理解，即得着如是說：在日常生活中，每一個我總是時刻順從與尊敬他人，面對他人之死自會感到悲哀、苦痛。顯然，萊維納斯告知我們，人之關係就是一有情的關係，這是「與生俱來」的。若人之關係不見情，這是要不得的。

　　如是去理解，可知我之死與他人之死同樣須受關顧，沒有先後序列之分。因為我們明白到：在共存關係中他人從沒處身存活的高位，他人並非只受着我的關顧，同時亦須向我有所關顧。進而言之，可以說：我即使不以自身之生死為首要關顧之事也好，也自會安然地預期他人的關顧之必然到臨。作如此的解說，乃因為人與人之間必然有情。

　　因為情之在，所以關係得以由來。

18　審視萊維納斯學說，可以進一步領會到，我與他人的關係並非單向的倫理關係，只要求我單方面的付出。首先，說我對他人負責任之同時，必要認定他人也須對具有責任感的我有所信賴，這表示他人必然依存於我。那麼，可以繼而認為：從萊氏提及的「回應」(response) 與「依賴」(dependence) 的交互中，大可得見我與他人彼此共存的關係。換言之，我與他人有着互依互存的關係。在此意義上，便可以推致一結論：對他人而言，我無疑也是一「他人」而已。德里達 (Derrida) 曾提出以上的觀點並做了詳盡的討論，簡言之他認為萊氏不可避免地須承認我 (作為他人的他人) 與他人有着「對稱的」(symmetrical) 關係，此關係在倫理意義上可以展示出「我為他人，他人為我」的含義。參詳 Derrida, J. *Writing and Difference*. Trans. Alan Bass (London; New York: Routledge, 2006), p.158-160.

　　不難說出，沒有情的關係不是一種關係。這樣子去理解情，去理解關係，那就要透視「情」之意涵與內容了。

　　中國人講情，依照明代的馮夢龍之說，至少也有二十四類。[19]概言之，情於人之關係中有着變義與不同的呈現模樣，然則無一關係不內含或透現情之所在。有別於西方人談「愛」，中國人說「情」少了對性欲與激情的直接刻劃，然而告知我們很重要的一點：情，乃關係的構現與維持之核心因素，沒情無關係可言。

　　所以，面對生死，我與他人必然生情。這繼又得着另一相關情與生死的問題了。作為有情之人，生與死的問題是否必然避不了情的一環呢？人之生或死，是否有情之在，才會顯現意義與價值呢？反過來問，生死若然避得了情的滲注，那會是何模樣呢？無情的生死，是否便得不着任何意義與價值來呢？

　　處身人際關係中的我們，即如彼此關係怎樣陌生也好，總無法設想得出真正無情的關係來。對人之生死，更無法避開情這回事。顯見之，人的生、死、情實有相互的關係，人生沒法避情，人死也無法蔽情。或許，一個人可以只視見自己，不理會別人，但只要為人，他／她就無法避開自身之生死不顧，也無法不對己之生死動情。有生死之人，在世存活時，總會構現出有意義的

────────────

19　參看馮夢龍：《情史類略》（長沙：岳麓書社，1984）。

關係，而負載價值之事不無在意義的關係中。是故有情的生死
實有其意義與價值，所以我們常謂「人之常情」，亦常謂「生
不如死」，反映的就是人情本身的意義與價值。

至此已然可以說道，無情依附的生死只可能透過「形式」作
闡述或顯示。然而，在世的人之關係，從來都是以人倫的層面
說之，不能不牽涉倫理道德之事。這因而反映出，人的關係不
可只用「形式」來展現的；而情，或萊維納斯提及的愛與責任
更需要賴以經驗內容作形容、闡說及解釋的。如是，人在生活
上作為人的整全狀況，才得以如實般呈示。

談生死，不說情，不可說無意義；說及生死之情，則將生死
的意義尤為凸顯，更可見出有生有死之人生的價值。易言之，
面向死生，人情的意義與價值自會流露不止息。情，又是有死
之人生為人們帶來的。

附
録

1.

死亡與人之存在

有生必有死

死亡不是令人想到神聖祭壇的莊嚴，使人肅然起敬；就是噤若寒蟬，多所忌諱。然而，它卻是生活中最「平常」的現象。我們幾乎每一天都會對死亡耳有所聞，眼有所見，不論是真實的還是虛構的，是直接的還是間接的。死亡，就在身邊。

透過種類繁多的傳播媒介，我們每天都會接觸到世界各地有關死亡的真實報導，當中包括各類人為的意外、罪惡、戰禍，以及自然災害等等。此外，在我們難得清閒，怡然自得之時隨手拈看一本小說或電影，無論是嚴肅的、浪漫的、奇情的；它們的內容雖然只是虛構產物，但在一些緊張刺激的冒險旅程或生死廝殺的場面中，死亡的情節，最能震人肺腑、感動心弦。

　　縱使我們對外間事物完全不聞不問，我們的生活其實與死亡有千絲萬縷的關係。試想：我們滿足口腹之慾的食糧，不就是曾經生存過的動物或植物嗎？我們治病的時候，不就是要把有害的細菌大舉殲滅嗎？大自然界中各種動物都奉行弱肉強食的天道，殺戮連場，犧牲其他動物的生命，才能延續生命。它們每天每刻一直與死亡打交道，直至死亡。

　　死亡既然與我們的生命有着如此密切的關係，我們自然應該正視它、審慎地理解它。但是正如英國哲學家維特根斯坦所說：「死，不是生命的事件；人沒有體驗過。」[1] 死亡是生命的完結，除了一些宗教或神話人物外，從來沒有人曾經體驗死亡，然後復活，從墳墓中走出來，告訴我們有關死亡的真相。雖然有些語言（如英語）裏「死亡」可用作進式（is dying），表示一個人「正在死亡」，但實際上不論他如何接近死亡，一刻未死，他仍然是活着的。

　　死亡並不是任何一個活人的經驗。因此當我們談論死亡時，其實並不是直接談論死亡本身，而只是談論對死亡的看法而已。這一點前人早有深刻認識，希臘哲人伊壁鳩魯認為當我們說懼怕死亡時，其實並非真的懼怕死亡本身。我們懼怕的只是對死

1　維特根斯坦著，郭英譯：《邏輯哲學論》（北京：商務印書館，1995), 頁 96。

亡的看法罷了。他嘗試利用死亡這特點，論證它並不可怕：「當你活着時，你還未死掉，所以不必懼怕它；當你已經死掉時，你已無知無覺，這樣更加沒有畏懼的理由。」[2] 然則，為甚麼人們對死亡總或多或少有所畏懼或憂慮？

「凡人皆有死。」這是邏輯推理中有關討論全稱命題時最常見的例子。人人都知道死亡是人生必經階段。人們可以不講道德、不談愛情、不結婚生子……但是沒有一個人可逃避死亡，甚至向閻王、死神求一時兩刻的寬限。由此看來，死亡是人生最確定無疑的事情。吊詭地，我們對此卻又是一無所知、最不能確定的：我們並不知道自己將會在何時、何地死去；更不清楚如何死去。死亡這種「最不確定的確定性」，也許就是人們畏懼它的主要原因。這一點可以分開兩個方面來陳議。

死亡是生命的終結，它為我們生存時的一切劃上句號。我們活着的煩惱、困窘、痛苦，從此抽刀斷水，與卿無干；與此同時，生活中所有幸福快樂同時灰飛煙滅，不能依戀。失去一切固然可怕，但更可怕的是我們不知何時會失去一切。「出師未捷身先死，長使英雄淚滿襟。」英雄犯難輕生，死又何足懼？也許真

2　伊壁鳩魯著：《致美諾寇的信》，選自《歐洲哲學史原著選篇》，（福州：福建人民出版社，1985），頁 141

正使英雄淚滿襟的悲痛，只為平生心願未遂，尚未報國罷！死亡會從我們手中褫奪一切，這個事實我們早已有所覺悟。假如生命的歷程能像火車的行程一樣，我們能知道自己甚麼時候下車，那麼將到終站之時，我們便能收拾細軟，打點行裝，然後緩緩步向開啟中的大門，準備下車。但是死亡這種「最不確定的確定性」，卻使我們屢失預算，隨時在生命列車被強拖下車。這是死亡可怕的原因之一。

另一方面，死亡的不確定性亦在死後的幽渺深邃。我們不知死後會否有靈魂、天堂和地獄，令已逝的我們能以另一種方式繼續存在。或者，死亡根本就是完全殆盡淨滅，徹底地一了百了。死亡到底是甚麼，死後的世界是否存在？這些問題我們完全不能回答，這種無知使我們產生恐懼。

為甚麼有死亡？

死亡帶給我們畏懼，使我們追問：為甚麼有死亡？

假如說人老死是人生必經階段，為甚麼許多人在風雲炫麗的英年，為甚麼還未牙牙學語的嬰兒，便遭逢夭折？只要我們到墳場蹓躂，瀏覽一下墓碑上死者的年歲，便會明白這樣的一個事實：不在乎任何年紀、任何時候，人都可以隨時死亡。八十

歲的也好，三十歲的也好，甚至一、兩歲的也好，隨時都有死去的可能。

在醫院裏，年僅兩、三歲便患了絕症的孩子，他們的死亡是為了甚麼？這些無知、無辜、無冤的幼兒，匆匆在這世界走了一轉，來不及睜開眼看這流轉的世界，又回到「塵歸塵，土歸土」的階段，究竟意義何在？當我們面對有些我們認為命不該絕，卻又快要拋下我們的摯愛親朋，死亡這東西衝着我們而來，我們不得不反覆思索：死亡為何，何為死亡？可是現實層次上的死亡，並沒有解開我們的疑竇困惑，我們仍不知道為甚麼人要死，為甚麼某人某時要死。死亡的乾脆，在於死亡就是死亡，它不是「為甚麼」之類的問題，而是一個實在的問題。這也許就是死亡最荒謬之處。

面對死亡荒謬、權威的威脅，許多人不甘就此臣服，於是出現了各種各樣對死亡的反抗。古來秦皇信任方士，希望求得長生不老之靈丹妙方，派遣三千童男童女遠渡東洋，就是不甘死亡的表現。在其他文化歷史的系統中，都有不少追求永生記載。然而追求不死之身，始終是虛無飄渺的事情，試問誰又見過長生不老的人。現實上我們所知道追求永生的例子，必以失敗收場。

更多的人不會追求長生，而傾向相信人死以後，能以另一種方式繼續存在。譬如佛教相信輪迴轉世，基督教強調復活永生。

這些信仰，皆認為人死後靈魂會脫離肉體，進入另一種生命模式繼續生存。這種種信念，均表現人們並不相信死後萬事俱休，灰飛煙滅的表現。人們希望死亡不是生命的終結，而是另一個生命形式的開始。

東西方對死亡的幾種客觀探討

自古以來，死亡的問題一直困擾着人類。古希臘羅馬記述了有關自然世界的起源和人類命運的神話故事，當中有許多關於人類探索死亡、死後歸宿和地府冥界描述，可說是初民生活與思想的反映。透過神話，我們可以窺見初民對死亡的態度。

進入哲學反省的時代，人類對死亡的看法亦有所改變。從神話到理性，柏拉圖以正面的立場對待死亡問題，根據他形上學的靈魂肉體二元論，死亡之意義在於把人的靈魂從肉體中解放出來；經過哲學洗滌後之靈魂死後便會進入一個永恆的世界。因此，死亡只是肉體之死，靈魂則不朽。換言之，靈魂的本質是不可毀滅的。

伊壁鳩魯與斯多亞學派則視死為無，死亡是感覺之無，對生者與死者完全無關，此生才是最重要。生命的價值只有透過生命本身才能呈現出來，所以「死對我們是無」。人在生的時候未死，

死的候就是死了，所以對死亡不必投入關注。根據斯多亞主義的立場，人的生命只是自然之道的表現，人只要依自然而活，便能找到人生意義。

根據基督宗教的立場，死亡只是生命的過渡、生命的轉化。耶穌基督降生世上，拯救世人，藉着耶穌基督之死後復活，世人得以進入天國，得享永生。基督教之終極關懷是永生、復活、不朽，死後的永生才是生命的真正歸宿。

至於中國主流思想儒家，對死亡則持一種樂生安死的態度。根據儒學傳統，此生是最重要的，一切生命價值都在此生實現。人生的意義價值只有在人倫關係中才能表現出來，因此個人的死在某個意義之下是不足惜的。所謂「未知生，焉知死」，既然人對死亡一無所知，又怎能討論死亡呢！因此，儒家的基本態度可說是對價值人生的肯定。誠然，死亡是個人的消失，但人的生命卻可透過立功、立德、立言可在千秋萬世的人類心靈中得以保存，這是中國傳統之不朽論。

另一方面，道家則以外生死的態度對待死亡問題，認為死亡不足為怪。死亡只是自然之道，所謂「生而不有，死而不亡」，生生死死，死死生生。每個人一出生就注定要死，無論生老病死、痛苦快樂，一切都只是過眼雲煙。道家以一種外生死的立場對待生命，所謂「生不悅，死不悲」，生命的痛苦只是幻象

而已，所有痛苦皆可以超脫，人應以一種欣賞的態度對待生命，以追求無情無欲的藝術人生。

　　佛家對死亡所持的態度則與道家可謂完全不同，佛家所持的是一種彼岸的人生觀。對佛家而言，死不足論，生也不足關心。生死是生命本身的痛苦之源，所以佛家講斷生死，人生來就是苦，惟有離開輪迴，進入涅盤境界，才能獲得真正解脫。

　　從道家發展到後來的道教，對死亡的態度亦從外生死轉為不死之追求。道教完全否定死亡，對生命則非常執着，道教追求的是此生不死，並不是死後生命的不朽。對道教來說，死亡只是自然的發展，如果能了解自然生命的奧祕，便可克服死亡。葛洪所謂「我命在我不在天」。人，才是自我生命的主宰。

　　以上對死亡的幾種客觀探討，大體上概括了歷代中西不同文化對死亡的看法。然而，是否我們對以上的死亡哲思有所領悟及掌握，我們就不會害怕死亡呢？死亡是日常生活最普遍的現象之一，無論我們多不願意，也得在日常生活中接觸死亡。只要看看每天報章的頭版，刺入眼簾的都是有人死亡的新聞。我們知道自己終有一天會死。但不知會不會是今天。至於甚麼時候死去呢？我們卻不知道。我們會死是最確定的事，但甚麼時候死卻是最不確定的事，這就是死亡的「最不確定的確定性」。

　　精神分析學派始祖佛洛依德指出，根本沒有人會真正相信自

己會死，人所能接觸到的所謂「死亡」，都只是發生在他人或他物身上；死的別人，不是自己，當人死的時候，隨即在世上消失，所以永遠見不到自己死去。每次見到別人死去時候，我們還存在，我們到底有甚麼理由要相信自己會死呢？「凡人皆死，我是人，所以我會死。」這個三段推論其實只是我們憑着過去的經驗所推出的論斷，但迄今為止我還未死，所以實在沒有理由相信「凡人皆死」。如果有人對我說：「你在二零四七年一定會病死！」我大可不必相信，因為科技發展一日千里，醫學昌明，屆時我把身體一切機能衰退的器官換掉也說不定呢！我們都有理由相信自己不會死，理由是：當我們思考死亡這個問題時，我們還活着。

死亡與存在建構

基於以上的原因，歷代思想家大多視死亡為生命外部的問題。每個人活着的時候，永遠都會覺得自己不會死去。維特根斯坦曾說：死亡不是生命的事件，因為從來沒有人經驗過死亡。所謂「正在死亡」的時候，我們仍然「活着」。因此，我們死後不能談生命的事，在生也不能談死後的事。死亡作為人生的終結，表面上似乎是生命以外的東西。我們怎能在生命的內部

經驗生命以外的東西呢！這似乎是不可能的事。

事實上，歷代許多學派都持着這種把死亡排除生命以外的論斷。柏拉圖認為生與死是完全兩回事，他甚至認為死亡是生命的不朽。這其實是完全錯誤的看法。因為一切嘗試把排除於生命以外的態度，正正就是逃避死亡的態度。

誠然，死亡不是生命的事件，人無法經驗死亡，一旦死亡臨頭，人之存在就會化為烏有。我們認為人的死亡荒謬。可是，難道人的出生又有理由嗎？死亡不是生命的事件，那末出生又是否生命的事件呢？當我思想死亡時，必須有兩個先決條件：

（1）我已出生；
（2）我仍活着。

如果人的死亡是神祕，人的出生亦同樣神祕。在日常生活中，我們對於許多現象毫不留神，視之為理所當然。例如：我們的眼可以看見，耳可以聽見，鼻可以嗅到氣味等等。我們一般都會把這些能力視為理所當然，因為這些都是生命中的「賦予」。可是，對一些最自明不過的問題的幽深探微，便是哲學最精妙之處。例如：為甚麼眼有視覺能力、耳有聽覺能力、鼻有嗅覺能力呢？這些問題都不是三言兩語就能回答。我們的眼睛之所以能夠看見事物，就是因為我們有眼睛（這裏當然不是從科學

或生物學的角度去分析人的視覺能力）。同樣道理，我之所以存在，就是因為我存在。當我反省自己的時候，我必須先存在。我「在」，我才可以「思」。我未出生，即未「在」。一八四九年，我未存在，我是「無」。我的存在是一個起點，換言之，在這個起點之前我未「在」。既然起點之前我不存在，我的存在不是必然的。這是德國哲學家海德格非常重要的理論。海德格指出，人思想自己死亡的時候，所經驗到的並不是自己真真正正的死亡。然而，人始終會對死亡有一種憂慮，在日常生活中，人未必會思考死亡的問題。我們平日只是過着機械覆沓的生活，重覆又重覆，但當有一天，一些東西驟然失去的時候（例如：深愛的寵物病死或摯友撒手人寰），我們就會驚覺上實在沒有恆久不變的東西，所有東西總有一天會消失。因此，我們實在沒有理由相信自己存在是必然的。海德格指出，當人感到煩悶、不安、焦慮、痛苦的時候，就會問：「為甚麼有物存在而不是無？」為甚麼是「有」而不是「無」呢？為甚麼這個世界真的存在呢？這個問題是由發我問的，我「在」，我才可以問這個問題，問這個問題的「我」必然地存在於當下裏。我知道自己當下必然不是存在於美國，必然不是存在於一八四九年，也必然不是存在於二零四七年。儘管我在當下知道自己存在，但我知道這個「當下」不是世上唯一的「當下」，因為我知道還有別的世界存在，

而我並不存在於這些世界中。我在當下此處存在，而不是在別的時空存在。因此，人的存在只是偶然，而不必然。人的存在是一種有限的存在，而人的獨特性亦在於其偶然性及有限性。

上文說過，如果將死亡排除於生命以外來討論，就不能真真正正探討死亡。「已出生」和「仍活着」是人之存在建構。如果沒有這背後基礎，人就不能思考人的存在現象。我們「已出生」和「仍活着」，這就是存在之所以為存在的性相。海德格指出，人不能離開人之存在來理解存在。他認為，死亡作為人之存在建構，並不是生命以外的東西，死亡正正是人生命的本質。

人的存在不能離開死亡，死亡本身就是最基本的存在建構。從這個意義上說，一切有關死後世界的神話，例如佛教的地獄、基督教的天堂，都只不過是憑生前經驗投射出來的。說到底，所謂死後的生命其實只不過是現世生命的投射而已。死亡不是外在的東西，正如生命不是外在的東西一樣，生與死都是人存在之為存在的現象。

死亡是我們生之為生最基本的存在性相，我們無法逃避它。死亡永遠不是一個終站。海德格指出，人是「趨向死亡的存在」，人永遠是「正在死亡」。這裏所謂「正在死亡」與「正在活着」的意義基本上是相同的。人一出生就已經可以死亡了，有生必有死，生與死不是外在的東西，死亡在生命裏本已存在，生與

死構成人存在之整全生。

　　在日常生活中，大多數人都沉溺於瑣碎的事務裏，於是把死亡外在化、客觀化。對這些人來說，死的是別人，不是自己，死亡與自己完全無關。每當人視死亡為生命以外的東西時，人就把死亡遮蔽了。海德格在此提出了人之存在性相：死亡令人了解到自己才是最獨特的自己。死亡本身是最自己的可能性，它是不替代、不可逃避、不可與人分享的。每個人都要「死一己的死」，你死你自己的死，我死我自己的死。所謂「共赴黃泉路」只是生前投射出來淒美願望。事實上，當我們活着清醒的時候，大家都有共同的世界，但當我們面臨死亡時，我們就會回到最自己最個人的内在世裏。因此，死亡不僅是一件事件，我們不可能與他人分享。在海德格看來，人之存在乃透過「可能性」來理解，死亡使人的一切可能性全變成「不可能」。

　　但是，「人的存在」到底是指甚麼呢？「我」與「筆」同樣存在於這個世界裏。然而，「我」與「筆」的存在到底有甚麼不同之處呢？事實在，「筆」作為事物的存在，和世界之間只有物理空間之關係。根據海德格之見，人和世界之間不僅是物理空間之關係，人的存在是「在世界中存在」。舉個例，在日常生活中，人不是與原子、質子、中子打交道。人在日常生活中無需理會電燈的光從何而來，人所接觸的生活世界並不是化學元素的世界。

根據實証主義和經驗主義立場，人所理解的世界是透過「感覺資料」建構出來的。這是完全錯誤的，因為世界並不是事物事件的總和。「世界」是一切意義關係的總和。人和世界之間所謂「在」的關係，並不是物理空間性的。人與世界是不可分的，人與世界之間有一種永遠在一起的關係。當人出生時，人已經有了他自己的世界。由於我們是被「投擲」於世界之中，無論喜歡與否，我們無可選擇，就己經在這世界中存在。每個人進入這個世界時，肯定在一個特定的意義網絡中呈現。

海德格繼而指出，存在不單是世界性，更重要的是時間性。人是一種時間性的存在。時間到底是甚麼呢？「過去」不再存在，我們無法談論；「將來」還未出現，我們也無法談論；「現在」是轉瞬即滅的剎那，我們同樣無法談論。如果我們對「過去」、「現在」、「將來」三個層面都無法把握，我們又怎能透過「過去」、「現在」、「將來」來討論時間呢！因此，如果我們將時間量化、客觀化、外在化，就永遠無法了解時間。鐘錶只是量度時間的器皿，它本身並不是時間。鐘錶是時間的表現，它本身己預設了時間。從這個意義上說，把時間視為空間概念來理解是錯誤的。

每個人都知道自己當下做甚麼，當下每一個存在，一方面己經在當下的世界中存在，另一方面又投向將來。人的當下不僅是

當下，而是將當下投向即時出現的將來時間裏。可是，一般人卻以為「過去」就是過去了，而「將來」則仍未出現，所以他們關切的只是在「現在」。對於「時間」此一觀念，海德格認為時間是一個整體，即是說，過去、現在、將來三者是不可分的。

海德格認為，每一個當下其實都與過去連在一起，並透過現在呈現出來，且同時投射向將來。與此同時，將來亦同時由過去及現在所決定。換言之，每一當下都是過去現在將來的當下，每一過去都是現在的過去，每一將來都是現在的將來。過去在當下呈現，將來亦同樣在當下呈現。對於大多數人來說，最重要的是「現在」。「過去」已經過去了，「將來」則未發生，因此「過去」與「將來」都與自己完全無關。在日常生活中，人不去面對自己的存在，卻在別人處逃避自己，變成所謂「我是他們」。海德格認為，在日常生活中，人完全失去了自己，人云亦云，別人做甚麼，自己就做甚麼，自己就做甚麼。所謂「潮流」，就正是這個意思。現今潮流強調所謂「個性」，然而「潮流」與「個性」兩者可謂非常矛盾，有個性的人又怎會盲目被潮流牽着鼻子走呢！

在日常生活中，「我」是被遮蔽的，「我」成為一個不真實的人。海德格指出，惟有臨淵死亡，人才會面對真正的自己。因此，死亡成為人存在之終極坐標。誠然，一切過去都已被決

定了，正如「一切過去都已被決定了」這句話本身就是被決定了的，因為發生了的事永遠無法改變。然而，難道一切生命都是被決定的嗎？如果是這樣，生命到底還有何意義！事實並非如此，理由是：每一當下的存在都不僅是在當下的時間中存在，而是永遠投向將來的存在。當下時間的存在將自己投射在即將進行的事情上，因此所有存在基本上都是可能性的存在。死亡將人的一切可能性變成不可能。一旦死亡，人存在的開放性就會完結，人便會變為僅僅的一件事物，而不再是時間性、空間性、世界性的存在。

死亡此一極限逼使我們知道自己是一個獨特的人。死亡是生命本身的事，而不是生命以外的事，因此人不可能離開死亡去了解生命，我「在」，我就必然會經驗自己的死亡。在這個意義上，「正在死亡」與「正在活着」的意義是相同的。由於任何對死後世界的描述，都只不過是此生生命的投射。

2.

地獄：痛苦之絕對化

「天堂與地獄」是在差不多所有人類文明中，對人死後之生命的快樂與恐懼的最強烈和戲劇化的表達方式。天堂是人獲得完全快樂的地方，而在地獄裏，被詛咒的罪人則要承受極度痛苦的折磨。本文將探討中西文化對地獄的表達方法。透過以解釋學分析地獄的理論，可發現地獄的表達方法皆是對恐懼與苦楚的絕對化結果。基本上它們都是基於報應理論的。至於地獄是否真正存在，並不是信徒們最關心的。說到底，這些其實只是道德上的觀念而已。

一

筆者那年大約九歲，主日學班上的老師曾如此唬嚇我：「你要是還這麼頑皮，就會受到懲罰，要到地獄去永遠被火燒着；但

如果你做個好孩子，聽從上帝的話，你就可以到天堂去，永遠快快樂樂。」那時我可真被嚇着了，我確實曾做了些壞事，肯定要下地獄在火燒中永遠受苦。但在那受驚過度的無眠夜，筆者突然跟自己說：「如我真的要不停被火燒，還會感到痛楚嗎？又如果我能永遠快樂，那真的會快樂嗎？」自此我沒有再上主日學。

　　我們還相信天堂與地獄嗎？非基督宗教徒也可以相信天堂與地獄嗎？「天堂」及「地獄」是所有文化的共有觀念，還是為基督宗教傳統獨有？究竟「天堂」與「地獄」是甚麼？在地球或宇宙中是否真有此地？是否真的只有死者才能到天堂或地獄去？如果它們真的存在，它們不會存在於我們的生命裏嗎？天堂與地獄是否只屬於「死後的生命」？如果是的，那「死後」的「生命」有甚麼意義？我們無法為這些問題找到確定答案，然而我們總被天堂與地獄的想法纏繞着，不論是否真的相信它們的存在，天堂與地獄有關的意義始終對我們的生命有無比重要性。每當我們想到快樂，或渴望得到永遠的快樂，我們總認為永恆的快樂只會在天堂。與此同時，當我們痛苦難過，我們總懼怕苦楚會一直跟隨自己，恍如在地獄永受折磨。因此天堂與地獄是快樂與痛苦的兩個最強烈的表現。不管它們存在與否，這兩個象徵，一直是引發有關生命意義和價值問題的基礎。如果此生完結後

就不會再有任何存在，那所有無辜受害的、或行為正直的便不能得到補償或嘉許，而那些殘暴邪惡的卻又不會受懲罰。這樣看來道德觀念也無意義。因此如果真的有仁愛與公義，那報應循環也應當存在，讓所有善良無罪的人獲得幸福快樂，而作惡犯罪的則受到懲治。對快樂幸福或邪惡生命的最終答案應該在天堂與地獄的假設之上。

以天堂與地獄、快樂與痛苦為題的文學作品為數相當多，但以天堂與地獄引申到快樂與痛苦之意義的哲學研究，特別以比較角度出發的，卻寥寥無幾。雖然中西文化都有跟天堂與地獄相關的觀念，內容及意義則各有不同。大致來說，基督宗教裏的天堂與地獄乃根據上帝的愛惡來取決，故此快樂與痛苦之觀念皆是以此宗教的信仰所衍生，真正的幸福快樂只存在於上帝的博愛與恩澤當中。而在中國，天堂與地獄的觀念並非源自儒家或道家，卻來自印度佛教。因此中國的天堂與地獄論，同時受着佛家思想及儒家道德觀所感染。

本文旨在利用比較角度以了解地獄之觀念。筆者希望能在最後的分析部分，揭示地獄只是人類希望的投射、一個想像裏的形上學幻想，以及一種對消除所有痛苦、獲得完全快樂的渴求。基於對現世生命的不滿足，天堂與地獄是我們對烏托邦有所嚮往的結果。

二

　　地獄的概念肯定並非為基督宗教所獨有（參見 Turner 1993,
Bernstein 1993）。但傳統的希臘及中國神話均沒有把地獄描寫
為對死者嚴苛懲處的地方。在《奧德賽》（*Odyssey*）一書中，
荷馬（Homer）形容在冥府（Hades）裏的存在為「如影或如夢」
（荷馬 1946:176）。當死亡降臨我們身上時，「我們再沒有腱
把肉與骨接連起來，生命的力量一旦從我們的白骨脫離，一切皆
被熊熊烈火燃燒殆盡，靈魂如夢般輕輕溜走，在空氣裏飄浮。」
（177）即使在舊約聖經裏，也沒有確定說明任何有關要人死後
受苦的地方，經文裏的陰間（Sheol），意思跟 Hades 相同，但
則被形容為「那地甚是幽暗，是死蔭混沌之地。那裏的光好像
幽暗。」（《約伯記》10:21-22）而這屬於死者的國度並不只容
納邪惡的人（《民數記》16:30），善良的人亦然（《創世記》
37:35）。在 Hades 及 Sheol 裏那陰晦的、鬼魅般的存在，一切生
命存在的形態被除去。故那些無生命之「生命」的最大痛苦，
就是絕對的分離，如希臘神話中，已死的阿基里斯（Achilles）
渴求簡單的生活多於自己那英雄的生命亦表現了這種痛苦。（參
見荷馬 1946:184）且看聖經詩篇八十八篇的哀歌：「因為我心
裏滿了患難、我的性命臨近陰間。我算和下坑的人同列、如同
無力的人一樣。我被丟在死人中、好像被殺的人、躺在墳墓裏。

他們是你不再記念的、與你隔絕了。」死者的靈魂為生命與上帝所摒棄，它們的存在毫無價值。但當中並無談及對邪惡行為進行折磨或嚴苛的處罰。在古文明時代大概未有明確的報應觀念。

中國古代文化對此的觀念也相似。《山海經》把死者的陰間稱為「幽都」，在黑暗的環境中盡是冰冷、濕寒及迷霧。[3] 此外陰間也稱作「黃泉」。由於古時的中國人着重現世生命，因此不太關注究竟陰間為何模樣。黃泉的確是已死者要歸返之地，但那裏沒甚麼可怕。一篇描述一名太子逝世的古賦如此形容：「黃泉黑暗而隱祕。但人有生也自必有死，何用難過傷心？」（李約瑟（Needham）1954: 85）

基督宗教把地獄的恐怖帶進西方文明，特別是透過耶穌在新約聖經裏傳達的訊息和誡律。耶穌曾屢次談及地獄的可怖：「在那裏必要哀哭切齒了。」（《馬太福音》10:28，5:30，及 8:12），還有：「你們這被咒詛的，離開我，到為魔鬼和他的使者所預備的永火裏去吧！」（《馬太福音》25:41）。耶穌的說話發揮了極大影響力，原因很簡單，因為耶穌就是「道路，真理，生命」（《約翰福音》14:6），人類只能依仗耶穌才能得救，無論是誰，違抗他就等於跟上帝對立，被判永遠帶罪；而無論是誰，相信耶

3　《山海經・海內經》：「北海之內，名曰幽都，黑水出焉，地下幽冥，故稱幽都。」

穌則可得到永生。「復活在我，生命也在我。信我的人，雖然死了，也必復活。凡活着信我的人，必永遠不死。」（《約翰福音》11:25）但除了講及關於永火的折磨（《路加福音》16:24）外，耶穌在四福音裏很少形容地獄。唯一可清楚知道的：地獄就是所有被判罪的罪人受烈火永遠煎熬之地。最後審判的啟示再次確定了耶穌的訊息：「那迷惑他們的魔鬼，被拋在硫磺的火湖裏，就是獸和假先知所在的地方。他們必晝夜受痛苦，直到永永遠遠。」（《啟示錄》20:10）

雖然在新約聖經並沒有鮮明確切地描寫地獄的狀況，卻在後期彼得、保羅及多馬的啟示裏成為內容的中心，即所謂影像文學，是但丁的《神曲》（*Divine Comedy*）之原型。在《彼得啟示錄》（*The Apocalypse of Peter*）中，對某些罪人的施刑的過程描寫得極度詳細。以下可列舉兩個例子：

> 狂怒的死神使者將把男人和女人帶到這裏，焚燒他們一半的身體，再丟棄到黑暗之地，男人的地獄；憤怒的靈魂將對他們施以各種痛苦的酷刑，永不眠休的蠕蟲會吃光他們的內臟腸子；這乃對我公義裏之迫害者及背叛者的懲罰。另一邊廂的男人和女人，給咬掉舌頭，並將受紅熱鐵烙眼睛之痛楚，他們是懷疑和誹謗我的公義的人。（Elliott 1993: 606）

此後，有不少的文學作品及圖畫，皆加添上想像得到的、在地獄各式各樣折磨罪人的場面。目的非常明顯：就是把地獄描繪為最可怖的地方。所有最負面的字眼都不足以形容，那些被判罪的靈魂在永火煎熬裏有多痛苦、悔恨、難過。

但說到把地獄形容得最鉅細無遺的作品，應該是早期文藝復興其中一個最偉大的文藝著作——但丁的《神曲》。透過他往地獄（Inferno）、煉獄（Purgatorio）、天堂（Paradiso）的神聖之行，在路上他成功地把哲學、神學、神話、文藝的知識與技能融匯到個人經驗。但丁描述了基督徒和非基督徒、信徒及罪人，在那世俗生命以外的三個存在境界的可能景況。根據 Turner 所說「但丁把地獄記載的歷史帶到新階段。他將地獄小說化、比喻化，從而改變了地獄的固有模樣。他摒棄了那些影像文學的老手段，把一切都強說成『真實的』，反而把讀者帶進他與 Virgil 的故事世界，這是一個獨特的作者，以欣賞及批判角度回顧以往其他著作而成的藝術創作。」（Turner 1993:143）但丁的地獄（Inferno）並非抄襲聖經所形容的火湖，在小說裏，它的地理結構就如大漏斗，分成數層，直達地球的中央，共有三條河流把全個地域瓜分為九圈。但丁在羅馬詩人 Virgil 的帶領下，乘坐渡神夏隆（Charon）之舟渡過悲哀之河（Acheron），進入候判所（Limbo），那裏聚集了非基督徒的善魂，他們的靈魂正直，卻

是沒有受過洗。因此他們個人雖無犯上嚴重罪孽，但他們身上的原罪未脫，仍未能進入永恆快樂的國度。在那兒但丁遇上一臉悔疚的蘇格拉底、柏拉圖、亞里士多德，還有其他希臘哲學家。他們雖然擁有智慧與善德，但他們沒有聽過耶穌的福音，因此也不能蒙受永恆的賜福。離開候判所後，但丁等人來到另一個圈，那裏受懲處的人都曾犯下七大罪惡：淫欲、饕餮、貪婪、懶惰、暴怒、嫉妒和傲慢，罪人受着各種的折磨及煎熬。而且，更甚於耶穌說的永火懲處，他們還受着所有可以想像到的「嚴刑」，如被妖獸宰殺吞噬、被肢解、被輪子輾碎，或在硫磺和火裏窒息而死。

Hell illustration in Hortus Deliciarum, a late 12th century manuscript composed in Alsace

在地獄的折磨與痛苦，實在並非我們所能理解，那種痛楚也該是任何人都承受不了的。但丁記載的地獄之行對西方世界產生極大影響，加上喬托（Giotto）、米高安哲羅（Michelangelo）、波希（Bosch），以及文藝復興以還眾多畫家的相關畫作，就像一次又一次地獄之旅的現身說法，如遇上那位歷史名流大師；或把那些駭人的場面形容得繪影繪聲，在這些「證據」的支持下，地獄變成「真實」一樣。誰仰望佛羅倫斯主座教堂（Florence Duomo）大圓穹頂（Cupola）的*最後審判*（*Last Judgment*）壁畫[4]，都不其然會記起天堂與地獄的「實況」，來自那些受煎熬的罪人的低泣慘嚎，恍如正響徹那大圓穹頂。或在 San Gimignano 主座教堂內描畫折磨罪人肉身的壁畫，畫面陰森可怖，像要時刻警惕着前來朝拜的信眾，罪的代價就是永遠的詛咒與苦難。說到底其實最嚴重的罪行當然是違背上帝的旨意，這條罪將換來上帝永遠的唾棄，那才是最痛苦的惡果。

《西遊記》是中國一部最著名有關朝聖之行的著作，它講述唐代的僧侶玄奘（596-664 CE）前往印度取佛經的故事。小說的作者為吳承恩，成書於十六世紀早期、但丁著作面世後二百

4　佛羅倫斯主座教堂，由偉大的建築師 Arnolfo di Cambio (c. 1245-1302) 所設計，約於 1367 年建成，而大圓穹頂則至 1436 才完工。內裏的壁畫由 Giogio Vasari (1511-1574) 及 Federico Zuccari (C. 1540-1609) 所作。

年。本文會略談故事裏，美猴王孫悟空及唐太宗分別的兩次冥府之行，並與但丁的《地獄篇》（*Inferno*）作一比較。孫悟空的地獄之行其實頗為滑稽。話說牠取得無邊法力後，無所畏懼，死亡也不怕。一天晚上正當孫悟空熟睡時，幽冥界的陰差把牠抓到森羅殿的閻王跟前，目空一切的孫悟空就棒打殿內各人，十代冥王最後服從了孫悟空的要求。在生死簿裏，牠發現自己的命運，確是該活到 342 歲並得善終，但牠還是覺得不滿足，便拿起筆把自己及其他猴子朋友的名字從生死簿勾掉，自此孫悟空永享長壽。（吳承恩 1977：第四回）至於唐太宗的地府之行，則完全是另一個故事。在第十一回，由於唐太宗未有履行承諾，無法保護渭河龍王的生命，故被渭河龍王拉扯到森羅殿前，要唐太宗接受審訊。這次他得到其大臣的冥間好友崔判官協助，在萬國國王天祿總簿的唐太宗壽數上加了兩筆，由貞觀一十三年變成三十三年。因此裁定唐太宗陽壽未盡，他獲送返陽間。返陽前遊經地府，在那裏唐太宗目睹曾作孽的罪人，在十層地獄慘受各種痛苦酷刑，自此他發誓要拯救那裏所有可憐的靈魂。這就是唐太宗指派玄奘到西方取經的主要原因。再者如果是次偉大的任務成功，這個「賢明」的君王之前對他兄弟及朋黨所作的惡行都應能得以赦免。在經過一層又一層的地獄途中，唐太宗見盡犯下不同罪行的人所遭受的不同折磨，直至來到六道輪迴：

　　吊筋獄、幽枉獄、火坑獄，寂寂寥寥，煩煩惱惱，盡
皆是生前作下千般業，死後通來受罪名。酆都獄、拔舌
獄、剝皮獄，哭哭啼啼，淒淒慘慘，只因不忠不孝傷天
理，佛口蛇心墮此門 ... 叫地叫天無救應。正是人生卻莫把
心欺，神鬼昭彰放過誰？善惡到頭終有報，只爭來早與來
遲。（同上注，2244-245）

此一對地獄的描繪乃融合了印度的佛家及儒家兩個理念。
從漢代起，源自佛家的地獄觀念已開始對中國人產生影響，然
而對地獄狀況的看法從未能統一。例如地獄究竟有多少層？8、
10、15、18、30、64 抑或無窮無盡（參見蕭登福 1989：83-
100），眾說紛紜，而其中最普遍的說法則一如《西遊記》所描
述為十層，在佛寺道觀裏收藏的，不少以地獄為題材的卷軸、圖
畫、木刻、雕像等，亦形容地獄有十層。（參見 Eberhard 1967
& Donnelly 1990）。每層地獄各自有一個判庭，並各由一位地
府冥王主持。地獄犯人的主要罪行乃「違反儒家倫常道德、佛
家齋戒規限及性行為操守」（Donnelly 12）而當中最嚴重的當然
是背叛父母或君王。經冥王審判後，每個判庭都會各自負責執行
懲治，對不同罪行的犯人施以特定刑罰。Wolfram Eberhard 對十
層地獄之精細描寫，表現出儒家思想如何與佛教原本的地獄觀

共融。（Eberhard chapter 2）地獄的存在意義，就是根據人在世時所作的善或惡而施以應得的報應。而到最後，第十層地獄是生死輪迴之所，接受過處罰的靈魂將被安排到各自應得的來生。他們可能會再次為人，善良的或邪惡的、幸福的或不幸的，都根據前世所作所為而定奪，亦有機會生成其他動物。唯一肯定的，就是喝下孟婆的「孟婆湯」後，他們一切對前生的記憶會被完全洗去。在《西遊記》裏，有一段關於六道輪迴的解說：

> 行善的升化仙道，盡忠的超生貴道，行孝的再生福道，公平的還生人道，積德的轉生富道，惡毒的沉淪鬼道。（吳承恩 248）

唐吳道子地獄變相圖

　　把中國與基督宗教的地獄觀比較，最明顯分別在痛苦的最終本質。[5] 而在兩種文化中，地獄與痛苦的關聯皆是主要前題。基督宗教強調地獄為永遠的詛咒，在這方面中國的相對較寬容，罪人在各地獄判庭經歷過嚴峻的審判及懲處後，還是有機會再獲新生。在第十層地獄的終處，罪人會被帶到往生之門。這個輪迴觀很明顯跟基督教的信念相反。與此同時，他們身處地獄時雖遭受酷刑，一旦離開地獄，過去的一切會完全忘記，因此痛楚並非永久而是暫時的。

三

　　Jonathan Edwards（1703-1758）是美國殖民時代一位重要的清教徒牧師。他在傳道中向信眾傳神地形容地獄的模樣：

　　　　那悲慘的世界，硫磺的火湖就在你腳下擴張開來。那

5　與基督宗教的地獄比較，在印度佛教的觀念裏，地獄亦是對帶罪的靈魂進行永恆懲處的地方，如《地藏菩薩經》（Ksitigarbha Bodhisattva Sutra）所形容的「無間地獄」（Avici Hell）。無間地獄處於第八層，是地獄境界的最底層。那裏會用上各式各樣的器具作懲治之用，例如叉、棒、鷹隼、毒蛇、豺、獵犬、磨、研磨、鋸、鑿、銼刀、斧頭、滾燙的鍋、鐵網、鐵索、鐵驟鐵馬。還有更多駭人的折磨方式，例如那些可憐的罪人被活生生的剝皮後，還要用他們自己的皮膚蓋着頭，再被熱熔的鐵液傾在身上。他們肚餓時會被迫吞吃厚厚的鐵塊，口渴時就要喝下熱熔鐵液。這些難以想像的可怕折磨，在蹂躪（nayutas）裏一直持續經年或數個波劫（kalpas）。他們的痛苦永無休止，甚至一剎那的舒緩都沒有。故稱為無間。

令人恐懼的深坑燃燒着的，是上帝的怒火，地獄之門大大的打開着，你卻無立足之處、亦無從尋找扶持，你與地獄之間只隔着空氣，唯有上帝的大能和意願才能把你扶穩。（Walls 1992:1）

地獄確實存在[6]！它是根據報應的原則而建的。一切的痛楚、苦惱、折磨、悔疚、恐怖都只為了達到一個目的──汝不可犯罪（Thou shalt not sin）！否則代價就是下地獄。邪惡永不能得勝，所有的邪惡的行為都會經懲處後完全清除。永遠的煎熬是那些蓄意犯罪的人需承受的惡果，他們總誤以為那些事於自己有利，就像貪婪、淫欲、傲慢和不道德這些罪行，都是人貪圖歡愉享受所致。犯罪的人不願承認這些追求剎那歡愉的絕對自私行為，會換來永受折磨的結局。與此同時，他們亦拒絕認識正直、有道德和虔誠奉神的短暫刻苦生命過後的真正意義，就是換來天堂的永久快樂。死亡叫邪惡無處可逃，我們死後仍會存在，生前的善行惡行，死後將要一一償清。因此地獄是痛苦的絕對化，是受詛咒者遭受最大不幸的地方。

但甚麼是痛楚？在談過那些文學作品、教堂裏的圖畫壁畫所

6　互聯網上仍有肯定地獄存在的網頁，參看 Terry Watkins: *Truth about Hell* http://www.av1611.org/hell.html

描述地獄的恐怖場面後，這個問題變得吊詭。這些駭人的畫面，將痛楚的情況展露得那麼繪影繪聲，到底是為了遏制人們犯罪，還是為滿足虐待狂的意欲？的而且確，那些有關地獄刑罰的描繪那麼精細逼真，簡直像專談用刑的百科全書一樣，包羅所有對肉體可以施加的痛楚：被肢解、被吞噬、被燙煮、被切割成段、被吊起、被迫吞下滾燙的熔漿或排泄物等。而受刑者被形容為充滿傷痛、悲慘、極度苦惱、懊悔、自責和悔疚。如此的痛楚當然當然能令觀看者害怕擔憂，從而警惕人們在世時要保持良好操守，否則就要到地獄去永遠受苦。

　　但地獄的可怖可會純粹是人以幻想編出來的故事？還是它真的創自那宇宙和人類的造物者？如果是真的，這些極度殘暴的懲罰，會是那無限寬宏善良的上帝所安於看見嗎？一個慈愛的上帝怎能允許這種無止境的痛苦存在？祂的救贖為何不能容納那些被判罪的人？英國哲學家羅素（Bertrand Russell）在他的《為甚麼我不是基督徒》（*Why I am not a Christian*）裏說到：「我認為耶穌的道德性格存在着一個很嚴重的缺陷，就是他相信地獄的存在。實難以相信一個如此仁慈的人竟相信有永恆的懲罰。」（Walls 1992:5）在此筆者並不打算捲入護教者和非教徒之間持續了好幾百年的，那場有關邪惡與上帝永恆慈愛之對立的爭辯。然而，基於康德的論證「傳統教義的地獄是應我們的訴求而生，

它是我們愛神及行善的推動力。」（同上注 155），筆者得認同 Jerry Wall 認為地獄是存在的理據。但我始終還不能接受地獄是由我們自己一手造成的說法，C. S. Lewis 曾道：「到最後只會剩下兩類人存在：一類人會對上帝說：『你會安排一切』（Thy will be done），及另一類人則是上帝最後會對他們說：『你的一切將會被安排』（Thy will be done）。往地獄的人都是自己選擇的。如果沒有自己選擇，那根本不會有地獄。那樣渴求快樂的靈魂絕不會錯過它。那些會去找的才會找得着。那些會去敲門的，門才會為他們而開。」（Cavendish 1977: 103）因此如我們不假思索的接受了那套說法，那所有恐怖殘酷的行為會變得情有可原，善良的卻會被血沾污，不管那些血有多罪惡。如最終的美善是來自地獄永恆的恐怖，那美善並不是真正純潔的。看着無數的罪人受着無休止的痛楚，那些聖人天使怎麼能快樂？

　　筆者要再一次問：那甚麼是痛楚？地獄的恐怖就在那痛楚的確定性。對痛楚的現代定義就是：「痛苦就是一個不愉快的經歷，本關於身體所受的損害，或細胞組織的破壞，或兩者同時。」（Rey 1995:332）因此當身體受到損害或破壞，就會感受到痛楚。在這方面來說，痛楚是有好處的，因為如我們感受不到痛楚，那我們也不能知道自己何時或怎樣弄傷。痛楚是發給意識的一種訊號，提示我們身體出了問題。但若痛楚是感覺不到的、

或是一直持續的呢？古希臘伊壁鳩魯已給了我們答案：

> 痛楚在肉體上不會持續不止，最尖銳的痛楚會維持一段短時間，縱使它一下之蓋過了肉體的舒適感，這感覺也不會延續好幾天。而長期病患的肉體，舒適感也是會駕馭痛楚。（伊壁鳩魯 1940:35）

伊壁鳩魯對痛楚本質的洞察，為我們對了解地獄的痛苦帶來靈感。當我們看着那些描繪折磨的圖畫時，畫中受折磨的人臉上的表情令我們知道他們有多疼痛難受。我們會以同情心去理解並感同身受，由此痛楚便藉着我們感知的事物傳達到我們意識裏，就這樣成功地把我們嚇倒了。問題正正就在這一點：如果受折磨的人根本沒有痛楚、或如果我們不會對痛楚產生同情心，那會如何？

薩德侯爵（Marquis de Sade）及後來的佛洛依德把這個問題再向前推一步：如果痛楚其實是種享受，那又如何？答案是：一，我們樂於見到有人受折磨；二，受折磨的人並不感到痛楚，甚至在享受，或兩者皆是。痛楚與快樂的辯證，從中西文化的刑罰歷史都可找到例子。那些描繪地獄的文學或畫作所談及的酷刑並非完全單憑空想，在過往，的確曾有人受過如此的對待。（Innes 1998）當時「嚴刑迫供」乃尋找事情真相的合法手段。

(Peter 1975:1) 在人類的歷史裏，竟然一直有人對他人施以這種殘暴的對待，還得到准許，直至近幾十年才停止，實在令人感到可怖。[7] 更可怕的是，在痛楚與歡愉之間，其實一直存在一種自相矛盾的關係。而最駭人的，莫過於讀到 Georges Bataille 對一幅在二十世紀早期拍攝，北京一名受酷刑犯人照片的描述。相中犯人當時正受着凌遲酷刑，一種將人切割成千段的死刑。Bataille 對那場面的形容如下：

……令人毛骨悚然的例子！聽說為了延長對受刑者的折磨，受刑者會給餵食鴉片。Dumas 認為受刑者的臉上呈現狂喜狀態的表情。無可否

From Georges Bataille, *The Tears of Eros,* (San Francisco: City Lights Books), 1989, p.204

認，他之所以出現這樣的表情，有一部分固然來自鴉片的迷幻作用，但它成為這幅照片最叫人感到痛苦之處…

7　1975 年 12 月 9 日在聯合國會議上通過的反酷刑宣言第一條

這照片在我生命裏有着決定性的地位，我一直被這照片困擾着，一個狂喜（？）與無法忍受的同時存在。薩德侯爵（Marquis de Sade）對這幅照片會有甚麼想法？薩德對酷刑充滿渴望，他卻從不能得到，也從來無法目睹一次真正的酷刑。如果在不同的方式下，讓這照片不住的在他眼前出現，薩德或會希望能在獨處的情況下細看，起碼是相對地能獨處的地方——一個為此產生狂喜或激起快感都並非不可思議的地方。（Bataille 1989:205-206）

這實在是恐怖照片的最極端。但 Bataille 似乎還忽略了察看在附近圍觀受刑者的觀眾。他們非但沒有被那駭人的場面嚇退，更滿有興趣地專注觀看整個過程。不容置疑的，他們正在欣賞這個表演！這才是最令人心寒的。那受刑者的「狂喜」狀態，跟群眾的「歡愉」道出了一個吊詭的結論：痛楚根本並非那麼痛苦！

如果肉身的痛楚是能夠忍受的，那地獄的痛苦有甚麼可怕？如肉身的痛楚是不會持續的，那永恆的痛苦有甚麼意義？

四

筆者認為地獄之可怖並不在於痛楚。人類之痛苦（pathos）並不一定來自肉身痛楚，卻是來自沮喪感覺——而最沉重的沮

喪則是絕望。在但丁《地獄篇》裏，刻在地獄之門上的銘文正
正道出了這種沮喪：

> 從我這進入悲慘之城的道路；
>
> 從我這進入永恆痛苦的深淵；
>
> 從我這進入永劫的幽靈隊中；
>
> 我是由三位一體—神權，神智，神愛——所建造。
>
> 感動上帝造我的是正義，
>
> 除永恆的事物外，在我之前無造物，
>
> 我與天地永存；
>
> 凡進此門者，將捐棄一切希望。

　　永恆的絕望才是最大的痛苦。由於我們已無希望得到寬恕，
悔疚覺悟因此已再無意義。在《彼得啟示錄》的差不多最後段
也道出了這個訊息：

> 在痛苦中的人們將同聲一哭：「憐憫我們吧，我們當
> 時不相信上帝的判決，但現在我們都明白了。地獄使者將
> 來臨給他們施以更痛苦的刑罰，並告訴他們：『現在你們
> 悔悟，卻已過了悔悟的時候，你們的生命已無所剩。』」
> （my emphasis, Elliott, 1993:608）

　　失去了希望，目的與期望不再存在，也再無意義去持續任何事情。希望既然已經失去，當然也再沒有將來，沒有時間亦沒有往後的生命。這可不是另一個難以想像的悖論？如果時間與生命都不再存在，那還剩下些甚麼來承受折磨？絕望這念頭其實又是甚麼？自相矛盾地，只有仍有生命的人才會對絕望感到憂慮，那就是，那些還有時間的人，才能在痛苦裏懷有希望，當人死去，也再沒有生命或時間去抱有希望，對已死者來說，絕望是毫無意義的。

　　伊壁鳩魯的話再一次地提醒我們，死亡除基督教所定義外的另一意義：「令我們習慣死亡乃無物的觀念。所有的好與壞都是在知覺裏才存在，而死亡會剝奪了所有知覺。」（伊壁鳩魯30）如果伊壁鳩魯是正確的，那我們死後發生的事完全跟自己無關。死亡以後是沒有生命的，因此也無天堂及地獄。「因此死亡──所有疾病的最可怕後果，其實是無物。在我們生存之時，死亡並不存在；當死亡來臨時，我們也經已不再生存。不需理會生存或死亡，前者，它不會是；後者，亦已不再是。」（31）觀乎伊壁鳩魯的說話，我們來到另一個有深遠哲學意義的問題：死亡是甚麼？一如筆者在引言所提及，天堂與地獄的問題在於死亡的概念。在天堂的快樂及地獄的痛苦皆先假定了人死後還會存在，但死後還會存在的觀念實在非常難以理解。我們試着

以類推的方法分析，死後的存在應該像是「生命」，只有這樣，我們才能推斷折磨和痛楚會在那生命狀的存在身上發生，也只因為這樣，我們看到任何有關天堂與地獄的事情時，才會感受到在地獄的極度痛苦。經過我們的想像，將痛苦放大和絕對化，從而變成地獄的唯一意義。然而這意義只在我們這生命之中才有意義。其實我們在世的生命裏，痛苦不也是無處不在？這些也可說是地獄。而痛楚是真實的，故地獄是存在的，就好像在歷史裏曾出現的眾多人間地獄：納粹的奧許維次（Auschwitz）集中營、西伯利亞的集中營、文化大革命的勞改營、柬埔寨的刑場……我們根本不用等到死後才能見識到地獄。

　　如我們真的相信地獄存在，那恐怖與暴力永遠是合理的，愛與公義卻只淪為空話。

　　那麼天堂又是甚麼？

3. 自殺現象的哲學反省：死與生的吊詭

　　血流一直在增加，現在又像被脈搏推動一般，從切口迸射出來。中尉面前的蓆子濺得鮮紅了，卡其褲的褶襞裝不下的血也溢在蓆子上。一滴血像小鳥般飛到麗子那邊，棲在麗子雪白的膝蓋上。

　　中尉終於把軍刀拖到右腹側，刀口沒有切得很深，刀尖露了出來，由於血液和血脂而變得滑溜溜的了。這時，中尉忽然被一陣作嘔的感覺所襲，忍不住發出嘶啞的叫聲來……那是中尉自己設計的動作，盡最後一次的努力。他猛然讓自己向刀尖投去，好讓刀尖穿過脖子，從頸背透出來。血液噴湧而出，中尉靜靜地倒下，青冷的刀尖突出在他的頸子後面。

（三島由紀夫：《憂國》）

究竟死是否那樣的浪漫淒美？

我希望從哲學立場去看死亡與自殺的問題，並且提出自殺這現象涉及一弔詭——死與生的弔詭，最後試圖提出一個結論：自殺是不可能的，是一種「自我打倒」（self-defeating），是將自己希望做的一切變成「幻覺」（illusion）。

一、自殺是甚麼？

相信每個人也曾想過死亡及自殺這個問題。卡繆（Camus）曾說：「在所有哲學中有一個最重要的問題：為甚麼我們不去死？不去自殺？」是否生命既然被人類所肯定，我們便不需要去死？但是，我們憑甚麼理由去肯定生命的價值呢？我們日常的生活，是否只是一個慣性而已？我們根本從未想過，或者從不需要反省「為甚麼我要活下去」、「為甚麼我不去死」這些無聊問題。

誠然，很多人活着是無需考慮及反省這些問題的。生命有無意義，對大多數人來說是些抽象的事情。可是，很明顯，自己殺自己卻是有意識、有意志的行為，是決定結束自己生命的方法。這即是說：「自殺，是一種抉擇，是有意志的行為。」

人之所以異於禽獸者，是因為人類本身有其獨特的本性。當今生物界中，唯有人類才意識到自己會死；而且，人雖然怕死，

卻也要無可奈何地接受這事實：凡人皆死。我是人，我必死；我會死，但不在現時；我將來會死，但希望不是明年或是二十年後，大概希望是七十歲後的事吧！總之，「我必死」是件遙遠的事，我無需關心。

可是這種想法往往是一廂情願的。死亡並不一定在七十歲後才來臨，它可以隨時降臨在你我身上。七、八十歲的人固然會死，但年輕貌美的、或者剛出生的也會因為意外、疾病而去世。「我必死」是件確定的事實，但「我不知何時死去」同樣是確定的事實。我們活着的同時，就要無可奈何地接受我可能隨時會死。

我們可以反問：為甚麼我一定要去接受這不穩定、不可知的來臨？人可以有另一種能力決定自己生命的取向，擺脫死神的愚弄，把握自己的生命──我們可以隨時結束自己的生命：自殺。

「自殺」作為一種抉擇，在某一意義下，的確是解決生命問題的方法。

人們為情自殺，為罪孽自殺，為羞憤自殺，甚至為國家民族自殺。無論他們為任何一事自殺，這件事便成他們結束自己生命的理由，而自殺便成為有目的的行為、解決生命問題的手段。

可是，當我們一旦採取自殺作為解決問題的方法，那就是決定結束自己的生命，要自己死亡。否定生命，肯定死亡，是自殺的基本意思。生命的痛苦，我們可以了解；但是，死亡是甚麼呢？

如果不了解死亡是甚麼，那為甚麼可以肯定它呢？

從人類文化史來看，大部分哲學家、宗教家都反對自殺，因為他們肯定生命，否定死亡。否定死亡、超越死亡、克服死亡是中西哲學宗教的主流取向。基督教認為罪的代價是死，唯有在基督中可獲永生。這樣看來，死亡是一種懲罰，是犯罪的結果，自殺明顯不可能解決問題，只會加重罪孽。為甚麼基督教要以「人可得永生」作為對人得救——即克服死亡——的承諾？人不可以憑自己克服死亡嗎？

其實我們可以克服死亡，方法就是要面對死亡。我們既然以死亡為大敵，就是對生命的肯定，承認生命是寶貴的、值得珍惜的。死亡似乎是不能避免，但這並不代表死亡是不能了解的。所以，在深入討論自殺之前，讓我們先看清楚死亡是甚麼。

二、死亡是甚麼

對於死亡的了解，在中西哲學中，大致有三個理論方向：

（1）人死如燈滅，死即是無。

（2）死是一過程，死後是去到另一地方。

（3）死與生無分別。

（一）死即是無

在西方哲學中，第一個為哲學而犧牲的人是蘇格拉底。在柏拉圖的對話中《申辯篇》提到蘇格拉底被人誣告之大罪狀，他雖是無辜，但又不能說服群眾，後被判有罪，接受飲鳩自殺之刑。蘇氏強調自己無知，對很多事物沒有知識。死亡，對他來說，理應也是一無所知的；然而，他被判死刑後說：「死不外乎有兩個可能，其中一個是視死為一無夢的睡眠，所以死可說是最寧靜不過的，正如沉睡中不受噩夢的騷擾，這豈不是永恆的休息嗎？」

伊壁鳩魯對死為無的分析也極為精彩，他說：

> 你要習慣於相信死亡是一件和我們毫不相干的事，因為一切善惡吉凶都在感覺中，而死亡不過是感覺的喪失。因為這個緣故，正確地認識到死亡與我們無干，便使我們對於人生有死這件事愉快起來……把我們從對於不死的渴望中解放了出來……所以一切惡中最可怕的——死亡——對於我們是無足輕重的，因為當我們存在時，死亡於我們還沒有來，而當死亡時，我們已經不存在了。因此對於生者和死者都不相干，因為對於生者說，死是不存在的，而死者本身根本不存在了……

> （伊壁鳩魯《致美諾寇的信》）

　　死亡是無。我們生活中一切的痛苦歡樂，其實都是感覺而已；一旦死後，甚麼感覺也沒有了，那又何懼死亡？

　　以上蘇格拉底和伊壁鳩魯對死亡的理性分析，告訴我們死亡是不可怕的。然而，可能有人會反駁說，世上有很多人是「正在死亡」的，例如那些病重垂危的病人，死亡是否已降臨在他們身上？可是，我們要清楚知道，「正在死亡」不等於「正在生存」，當死亡來到時，「正在死亡」也就完了，再也不是生存了。這樣，當生存時，死亡還沒有出現：但死亡來臨，感覺也消失了，一切悲哀痛苦也一併沒有了，死亡就是永恆的休息。死亡便是無。

（二）死亡是過程，死後人會到另一地方

　　認為死亡是「無」這種態度，是為了克服人對死亡的恐懼。從這觀點看，生命是被肯定的。然而，認為死後會他往的思想，不但肯定死前的生命，也肯定死後的存在。

　　上一節提到蘇格拉底說死不外是兩回事：一是無夢的睡眠；另一回事，便是人死後去另一處地方。

　　我們形容人死，會說「蒙主寵召」、「魂歸天國」、「早登極樂」、「駕鶴西歸」等等，這一切都意味着：死是一個過程，就像乘車，到了站便下車，然後轉乘另一輛車而已。因此，成年人向孩子解釋爸爸死亡的事實時，多數會說爸爸去了一處很

遠的地方。「很遠很遠的地方」這個說法，反映出很多人了解到，死後往他方的觀念。

蘇格拉底認為，如果人死後他往，則凡是死了的人都應該全部到了那裏。這樣，他便可以和他渴望傾談但比他早死的前輩哲學家會會面，大談哲學，這豈不是好事！依他所說，如果人死前有潔淨純良的靈魂，死後到了那兒，也無需懼怕。柏拉圖的《費多篇》提到柏氏藉蘇格拉底之口討論了有關靈魂不朽的論證。死亡定義為「靈魂離開了肉體」，靈魂是屬於一個不朽的理念世界，肉體對靈魂來說是一種拘困、一種污染。因此，靈魂從肉體解放出來是件好事，而解放的方法，便是透過哲學去檢察反省自己，這是一種淨化靈魂的過程，並將之從肉體的困鎖中釋放出來，去到本來原屬於永恆的理念世界。這便是死後他往的思想之一。

另一種死後他往的思想，便是佛教的「輪迴」，簡單來說就是：人死後仍然存在，通過輪迴，重入另一軀體，開始另一生命，同時根據前生所作，決定下世為人為狗，這是果孽報應的思想。死亡於無，是另一生命的開始。

第三種是基督教的「復活」思想。「復活」即重生，不但是靈魂的重生，同時也是肉體的重生，是整個人從死亡中復活。基督教相信人的罪是原祖所犯，所以死是代價；但人可藉着相

信耶穌基督代凡人受死並於三日後復活，克服並超越死亡，而得永生。死前，人應該靠信仰建立生命；到最後審判時，人便可憑藉信仰，得到上主賜福，從死亡裏重生，享受永恆的幸福。

以上三個觀點，同樣肯定了生命是有價值的。但無論從價值論或者本體論的觀點，死後他往都有條件，就是此生要努力修養、淨潔靈魂，為來生的繼續而存在。這是一重要的道德要求。

（三）死與生無分別

抱持這種態度的人，認為生死與日夜陰晴一樣，都只不過是大自然的歷程而已，死亡實在沒有特別值得懼怕的地方。

最能看透生死的人，首推莊子。《莊子‧養生主》篇有云：

> 老聃死，秦失弔之，三號而出。弟子曰：「非夫子之友邪？」曰：「然。」「然則弔焉若此，可乎？」曰：「然。始也吾以為其人也，而今非也。向吾入而弔焉，有老者哭之，如哭其子；少者哭之，如哭其母。彼其所以會之，必有不蘄言而言，不蘄哭而哭者。是遁天倍情，忘其所受，古者謂之遁天之刑。適來，夫子時也；適去，夫子順也。安時而處順，哀樂不能入也，古者謂是帝之縣解。」

死生本來是自然的事，不為甚麼而來，不為甚麼而去。況

且，我們怎知道死比生壞，生比死好？正如《莊子·齊物論》說：
「予惡乎知說生之非惑邪，予惡乎知惡死之非弱喪而不知歸者
邪？」

死死生生，生生死死，只不過是時也順也的自然運作而已。
如果我們了解到生死本無分別，那又何須怕死貪生呢？

三、自殺：死與生的吊詭

當我們了解死亡是甚麼後，現在重回自殺這個問題。

蘇格拉底之死，後人多以他本可不死，但為了理性之道德要
求，飲鴆服毒而死，其實也算是自殺行為。

儘管蘇格拉底不能夠很理性地告訴別人有關靈魂不朽的理
論，但他確實地認為，這是需要信心的。他認為自己的「死」不
是死，而是完結這生命，去另一生命而已。作為一潔淨的靈魂，
他去哪兒也沒有分別。

很明顯蘇格拉底對於死後的認識根據，只是信心而已。我們
細心想想：其實我們對死後世界的描繪，都是靠經驗而來的。
因此，除非我們肯定死後仍擁有一切的感官，否則，以經驗知
識來描述的死後世界，是不可了解的。

因此，蘇格拉底之所以對死亡不恐懼，是因為他滿懷信心，

並不是通過科學或物理的證明去得知死後世界的內容。他對死亡的了解，只是他運用理性分析反省後的結果而已。

　　這些哲學家對死亡的克服和面對，背後的動機，仍是對生命的肯定。可是，自殺在第一義來看，是對生命的否定。我們試想想：對生命的否定是否就等於死亡？

　　簡單來說：自殺就是生無可戀。那就是將生命看作痛苦的來源，因此活下來是悲哀，是荒謬。這種態度，就是對生命的否定。希臘大悲劇家索福克勒斯（Sophocles）曾說：「生命最好的是沒有出生，其次是英年早逝。」他認為生命本身就是痛苦。因此，人們會想到，也許死便最能割斷這痛苦的根源。所以有人選擇自殺。

　　無論自殺的理由是甚麼，它本身必定是有意識、有意志的行為。為情自殺，讀書不成自殺，或是為國犧牲而自殺等，其中的理由，必涉及一自我的反省，這種反省其實就是對自己過去生命歷史的判決。失意、不及格、遇上困難等一切，都是放置在自己的生命歷史中去衡量，結論是此生命是無意義的、絕望的，解決這個痛苦的唯一方法，就是自殺。

　　自殺的人，以為痛苦是問題，死亡是答案，自殺是方法。這其實意味着人是有「希望」的，這個「希望」是：透過死亡，可以超越生命歷史的悲哀、解決生命的痛苦，即是說生命可在

其一意義下是不痛苦的；再者，藉着自殺解決問題，這本身就是一個希望。在此，自殺便涉及一個吊詭——死與生的吊詭。

「自殺」的定義是自己殺自己，即是說：「自己」被另一個「殺自己的我」所殺，這「殺自己的我」是「主體」，故此自殺才可能，正因為有這「殺自己的我」，「自己」才可被殺掉。所以，這個「殺自己的我」與「自己」是不能等同的。就人的存在而言，人可以分裂成「反省我」與「被反省的我」，兩者不是等同的；這「反省我」在內容上肯定多於「被反省的我」，因為前者能夠反省。其實，所謂「被殺的我」就正如「歷史我」和「生命痛苦的我」一樣，是可以被改變的。因為，我們一旦肯定了「反省我」是多於「被反省的我」，並且，「反省我」是有能力去取消「被反省的我」，即是等於承認了「殺自己的我」能夠殺「自己」。在此的吊詭是：當我決定了殺自己，其實也是肯定了我們有能力解決自己的方向。然而，我們殺了自己的同時，也是消滅了我們解決困難的超越能力。

因此，人們希望透過主體去解決自己的歷史痛苦，到頭來亦因自殺而使希望落空，成了幻覺（illusion）。因此得出的結論是，自殺是「自我打倒」（self-defeating）的行為。

試圖以自殺去解決問題的人，往往將痛苦與痛苦的根源混為一談。其實痛苦本身與痛苦的根源是不相同的。無疑，痛苦乃源

自生命;沒有生命,又何來痛苦?但是,痛苦之源與生命是不同意義的。痛苦是否一個不能改變的概念?改變它跟取消它是否一樣?取消了便是沒有痛苦了嗎?我們其實都已經清楚意識到,取消了生命對痛苦的改變不僅起不了作用,更將能夠改變痛苦的力量也一併取消了。我們也知道,當以自殺為抉擇時,就是對痛苦的解決有一個希望,希望痛苦的生命有改變;可是,希望永遠必須透過行為才能實現,這便落入第二個層面討論自殺。

如果我們認為生命是痛苦的,便必須透過生命內部去解決問題,而不能在痛苦以外消除痛苦。所以,希望改變自己生命的唯一根據,仍在生命內部。只有生命的存在,才可以使希望成為可能。生命泯滅了,希望也就同時泯滅。

在第三層意義上,我們從了解死亡的三種觀點來看,三者都是透過生命的肯定去了解死亡,並且否定自殺。

例如基督宗教以自殺為罪行。因為他們相信生命是上帝所賦予,人類沒有權利去結束它。結束它就是違背上帝的賜予,這是一種罪。

即使死後他往的觀點,也認為死前的活動,對死後的活動有重大影響。蘇格拉底以死前的哲學反省,作為淨化靈魂的工夫;佛家以此生積善作為來生輪迴的準備。因此,生命的結束並不代表生前的罪孽也隨之一筆勾銷;換句話說:「肉體我」不存

在並不等於「意識我」也不存在，「肉體我」的死對已成事實的罪起不了變化作用，反而人可以藉「肉體我」的存在，作懺悔、造功德，給罪行作補救。

對於把生命視為自然規律的人看來，自殺是不能安時處順的表現，違反了自然規律。道家認為這是「造作」的行為，必須予以否定。

所以，自殺其實是不能解決問題的。自殺只是「自我打倒」。從自殺的分析帶出一項重要的意義：自殺之中有兩個「我」，一是「殺自己的我」，一是「被殺的我」，這「殺自己的我」有超越性，使人逾越自我來反省，對過去的我作出判斷。一旦認為過去是痛苦時，便以了結生命來解決。然而，泯滅生命的同時，也就連本身的超越性也取消了。結果，問題仍然是解決不了。

人的存在是時空性的。一旦人在某一歷史背景中，而又意識到這段歷史是悲哀的，他便知道這是可以被超越的，因為能夠作出這樣的反省，便代表他對改變現狀有了希望。那就是說：原來的事件也可有改變的，它有了將來。可是大部分自殺的人卻不去肯定自己的超越性，倒反把生命痛苦中的「歷史事實」作為唯一生命的全部，更因此以為一切已經決定，是既成的事實，不能改變。這樣，他只會永遠停留在某一時空，不能超前。

然而，當我們回頭一想，正因為這「歷史事實」是具有時間

性的，而人類相信超越的能力代表着一種「希望」，「希望」永遠是在前面的，本身就是一個「將來」的字眼，而「將來」在歷史中，是可以改變的。因此，凡具有時間性的事實皆涉及將來，亦等於事實可以改變。但是，這「希望」的根據仍然在生命本身：當人有「希望」，他的「過去」便當下被「將來」所決定，而「將來」卻仍然是根據過去的歷史投射出來的，過去的歷史是由生命所呈現，「將來」也同樣需要有生命作為基本呈現的條件。那就是說：有生命才有改變的可能。自殺無疑是將痛苦的事實凝結成為永恆的事實，並不能將有希望解決的問題得到解決。所以，我們可以說，自殺的人是錯誤地運用了人的超越性，錯誤地以為可以用自殺解決問題──其實，他們恰恰反其道而行，終使「希望」變成「幻覺」，令問題永遠得不到解決。

4.

年老與活着 8
─專訪張燦輝教授

張：張燦輝教授

希：《希哲》

希：張生，我們正在進行「長者護理與痛楚現象學」的知識轉移計劃，請問您作為剛退休的哲學系教授如何看待年老和痛楚的現象？

張：在哲學中，佛學會談「生老病死」，那是八苦中最重要的部分。從哲學史看，我們則有很多關於死亡的反省，例如，柏拉圖的《斐多篇》（*Phaedo*），但奇怪的是，我們極少談老年哲學（philosophy of ageing），幾乎沒有書本談及過。為甚麼？

因為很多哲學家未老先死。生死，是人生必經階段，但是老病呢？不是必然的。想一想，尼采在五十多歲就死亡，齊克果等都在壯年離世。對哲學家來說，年老，不是他們要關心的問題，並且在年老的現象中，死亡是更核心的問題。

你看 "ageing" 這個字很有趣。死亡是 "death"，年青人是 "youth"，但老年是甚麼？"age"？不是，每人都有一個數歲 "age"。Old age？但這不是一個獨立的語辭（term）。在英文裏，我們似乎找不到一個對應於 "youth" 這種形容階段的字詞來表示老年。"Ageing" 這個字特別之處在於它是一個過程，它表示每個生命體並不是簡單地發展下去。"Ageing" 是接近結尾的意思。如果你留意到，老年學在上世紀初才出現。這顯示隨 19、20 世紀的經濟、科學和醫療發展，壽命才得以延長。中國人以前說「人生七十古來稀」，但是現在街上就有很多 70 歲的長者。簡單來說，在香港出現 80 歲未死的人，出現了過去的哲學家未想到的事。

痛楚（pain）、痛苦（suffering）則不是這樣的，它們從頭到尾都是重要的大問題。在早期哲學史中，痛苦和快樂（pain and pleasure）便是哲學要處理的問題。伊壁鳩魯（Epicurus）說，在日常生活中，每個人都認為需要關心痛苦和快樂（pleasure and pain）。亞里士多德（Aristotle）在《尼各馬可倫理學第十卷》（*The*

Nicomachean Ethics Book X）第一句便說，教育就是要讓人認識痛苦和快樂。的而且確，在痛苦和快樂中，人開始最初的自身反省。快樂主義（hedonism）肯定趨樂避苦，即是說，苦是人們不想要的東西，所以苦明顯是人人早就知道的。很簡單，苦就是肚餓沒東西吃、被人砍、跌破腿等，待會我們談到內裏的存在論意義時（ontological meaning）會詳細說明，但就日常的意義已可以再分析痛楚和痛苦（pain and suffering），它們並不是完全相同的。痛苦（suffering）是在我們過去的經驗裏，是屬道德罪惡感（moral guilt, moral sin）的層面。當看到他人做錯事或遭遇不幸，我們會感到的不是肉體上的痛苦，而是精神上、心靈上的痛苦，這是與他人共存才可能出現的痛苦。比如說，我們目睹親人死亡會痛苦、會哀痛。一個國家的滅亡，不只是打敗仗，而是整個民族的幻滅，這些都是痛苦（suffering），而不是痛楚（pain）。痛苦是具普遍性的（universal）。

　　老年問題是很逼切的問題，因出現了所謂第三年齡層（third age）的問題，現在有不少人如社會學家都分析老年現象。人生可以有三個年齡層（first age, second age, third age）。在第一年齡層（first age），我們裝備自己，接受教育，成長並準備進入第二年齡層；第二年齡層我們則在工作和生活，建立自己的東西，直到所謂的退休階段；那第三年齡層是甚麼呢？退休是我們突然

擁有跟以前不相同的時間。常常向上，總會有下降，下降是甚麼
意思呢？它是指我們在第二年齡層的節奏、盼望和目的都跟以
前完全不同。所以現在有人討論怎樣理解所謂的人生第三階段。
我們不需要死板地以特定的歲數，如60、65歲來界定第三階段。
在衰老的過程中，生理年齡（biological age）跟一個人是否進入
老年有時未必有關係。比如說，大部分人都不相信我已 65 歲，
尤其當我再染頭髮。但這是甚麼呢？為甚麼會如此？我的身份
證的確寫着 1949 年出生，這又是甚麼呢？皮不夠皺，頭髮又不
夠白。前天我的中學老師出殯，這位老師我差不多四十年沒有
見過。出席的同學都是比我高一兩屆或低一兩屆的同學。但是，
他們全都已是老人家，頭髮全白，甚至有些已沒有頭髮。我在
想為甚麼我不老呢？我意思是，年齡（age）是很抽象的，即這
裏仍有思考空間。

　　那麼，"age"與"ageing"不同的是甚麼？第一年齡層是有
發展的，或有潛質（potential）去發展，第二年齡層關心的問題
是成功人生（successful life）。如果從海德格（Heidegger）的「眾
人」（das Man）去理解的話，我們想成就一些事、一些正面的事，
即我如何在事業上成功。事實上，從亞里士多德（Aristotle）便
開始關心怎樣發展潛質（potential），但到了第三階段是甚麼呢？
你看我的介紹，「前」中文大學教授，「前」通識教育主任。「前」

是過去的事，即是那些成就（success）不能延續。所以談到我們在第三年齡層面對的其實是另一種問題。

退休後，可能有兩種情況出現。第一，我們獲得一種自由（freedom）。這種自由是從各樣限制解放出來（free from restraint），即我不用上班，不用開會。當然這裏談的是中產生活，不用擔心生活問題的人。低收入的，事實上仍在把握他們的生活，暫先不談。我先談我們這代，很多都認為在第三年齡層獲得自由，「我打工的時候沒有去哪裏」，「我沒有吃夠甚麼東西」，現在成為滿足我們欲望的機會，你可以說此時有一種新的自由出現。

但另一種情況是喪失（lost）。這種喪失帶出了人最重要的意義——人的有限性（limitation、finitude）、人的不確定性（contingency）。我們在年老時，這才明白海德格所說的死亡的逼近（pending），我們才真正感覺到再沒有更真實的事。即是說，我們當然不會相信明天就會死，但海德格談的死亡，理論上我們每刻都可能會死。我們不相信不是因為存在上（existential）不可能，而是因為經驗讓我們看到生活過程中的預期（life expectancy），即是我們的希望。我們認為死亡不應該明天就出現，但當然仍有機會出現。朋友可能會早死，但我們會認為那是不幸，是夭折，是悲劇。不過，到了老年，這個死亡就不

能被稱為不幸。海德格說的逼近（pending）是永遠在前面的，不是空談的可能性（empty possibility），而是真正真實的（real actuality）。這就是年老（ageing）帶出來的問題。

　　海德格談的死亡或者存在的罪惡感（existential guilt），正帶出每個人的主體性（subjectivity），我認為這個意思還可延伸：讓一個人真正認識自己不需要透過死亡，第一個讓我們認識到自己可以是痛楚（pain）。痛楚是最真實的。肚痛、頭痛時，我們會覺得任何外面的事物都是無關係的，我們只會聚焦在自己的身體上。「痛楚」（pain）很有趣，它是不能作為動詞使用。"I am in pain"，是海德格的"Befindlichkeit"（現身情態），即是"state of mind"，但這個英文翻譯不好。這裏可見痛楚的特性，是個人的、是主體性的，即身體完全在痛楚之中，身體與外面的世界完全割裂。簡單來說，我們斷手，感到很痛，這樣的痛是正面的（positive），即它帶出一個訊息，它告訴我們身體出現問題需要處理，不能不理會身體的狀況。例如，我去拉撒旅行時頭痛，這個頭痛是自己的，我不能不處理。即每一個痛楚都告訴我──我的身體就在這裏。

　　我們可以從此推翻笛卡兒的"I think, therefore I am"（我思故我在），"I am in pain, therefore I am"（我痛故我在）。有一天割我們的身體而不感到痛楚的話，即是說我們不再活着。試

想想，如果我們擊打東西卻不覺得痛的話，我們常常會斷手斷腳。痛楚告訴我們，手有問題、腳有問題、心有問題、胃有問題，這就是肉體告訴我們身體的重要性。我們可在整個理性主義裏見到，從柏拉圖、笛卡兒的心物二元論的問題起始，即人的存在是肉身存在（embodiment）。身體，是我們之為存在一個很重要的指標。而痛苦，是告訴我們痛苦和肉體是一體的，這是存在論（ontological）層面上說的。柏拉圖式的立場是探討心靈（mind）和身體（body）哪一個問題更重要。心靈（Mind）不可能有痛楚，正如紅色的理念不是紅色的，四方形的概念不是四方形。抽象的東西在具體的經驗裏才可被感覺到，就如痛楚的感覺。痛這個字不痛、紅色這字不紅。亞里士多德會說痛楚這個感覺才會痛，即是要有物質（substance, material）才會出現。談痛楚現象，正是說我們的存在是肉身存在（embodiment），即我們跟肉身一起存在。

說到處理痛楚，我們有很多方法，我們可以脫離它，可以吃止痛藥。當我們頭痛的時候，我們或會用斯多葛派（stoic）的方法欣賞頭痛。頭痛是甚麼？頭痛很有趣。但這個說法沒有消除痛楚的。痛楚仍然存在，這是斯多葛派的看法，它換了另一個視角。愛比克泰德（Epictetus）被人弄痛腳的時候，他會說「你弄痛我了」，但是，當他被打斷腳的時候，他接受。接受痛苦

不等於沒有痛苦。

希：接受痛苦是不是必需欣賞痛苦？

張：不一定。接受痛苦是斯多葛派的立場或者莊子的立場，痛苦在此，我們用括號括起它，當它對我們沒有直接影響，不理會它。欣賞它，則是保有距離地認識痛楚，比如高山症引致的頭痛，痛楚仍在，但我不受它的影響。止痛藥、嗎啡也一樣，它不是消除痛楚，而是按壓着痛楚，使痛的感覺不存在。痛楚正面地告訴我們生命出問題之處，痛楚告訴我們身體不能承受的極限，否則會斷腳斷手。痛楚告訴我們身體的損毀，亦正面告訴我們肉體存在的重要性。當然，這是從肉體的痛楚來說，是具主體性的（subjective），外人是沒法理會的。

痛楚（pain）和痛苦（suffering）是不同的。痛苦通常顯現於人與人的關係之中，比如，我見到爸爸離逝，你見到一個人不幸被打死，你覺得不開心，這可見人與人的關係，可見我們是群體的（social）存在。痛楚則可以過去的，比如吃必理痛，慢慢就不會再痛，傷口會慢慢消失。但如果這痛是你的親人使你痛的，例如爸爸打你或者你因不幸、因不公而被打，那個傷口是可以癒合，但不服氣和不公義引致的不開心，則不是痛楚而是痛苦。在這裏講一個故事，我小學的時候頗聰明，但有個老師待我特別惡劣。我有次在黑板旁邊排隊，我玩玩粉筆，他

就指責我不尊重老師，用間尺打了我三十巴。這是差不多五十年前的事。他把我打到紅腫，但我沒有哭過。那痛楚早已消失，怎會數十年還在痛，但那委屈和不開心仍然存在。可以說這樣的不開心是在價值和道德層面的，這都是在人與人的關係中衍生出來。痛苦，我們可以說是被你的愛人拋棄，或者我們見到他人離逝而不開心。痛楚可以消失。輸了場球賽有甚麼好痛的呢？我又沒有下去踢，但這不幸、悲劇、不公，是人們印刻在他人身上的，比如南京大屠殺，我們覺得是不應該的。在個人層面上，我們得不到滿足，感到被遺棄、罪疚等，這都是我們心靈上的痛苦。但這個痛苦不是主體性的（subjective），而是主體交互（intersubjective）、互相關連的（inter-relational）。這痛苦一定是在生活世界（live world）裏，即一定在人與人之間的關係網中才可能出現。如果要就這些現象進行現象學研究，那要說明這些現象如何在意識中出現，即痛楚指示甚麼，以及它內裏不同層次的意思。

　　人很有趣的，人內裏有自己的感應器。我中學的時候從很高掉下來，左腳踝整個碎掉，現在也是碎的，當時卻只痛一下，立即就不再痛。即是，肉體的痛楚是有限度的，人內在其實具有麻醉性質，用作避免劇痛。因為痛是肉體的重要訊號，所以我們不是從精神上解釋這個腳踝來消除痛楚，而是它痛到一個極

端就不再痛了。伊壁鳩魯（Epicurus）這樣說過：在某個程度上來看，痛楚是可以被忘記的（forgettable），肉體上它可以消失的。這個研究我也不太清楚，但我們可從整個人類折磨（torture）人類的歷史中入手。在 1905 年，法國的巴代伊（Bataille）找到一張照片，畫面是北京天安門最後的凌遲處死。在相中可見那人還在微笑，他吃了嗎啡，被割了三千條肉，那些肉還是一粒粒的，割了三千條肉都還未死，即是他還意識到自己。別說三千條肉，割一條，我們都痛到不行吧，但是不是割很多條後，就不會再感到痛呢？這個研究還未知道，痛作為肉體的反應時，是不是除正面帶出訊息之餘，還會消失呢？斯多葛派從精神上超越痛楚，但這裏會不會指身體內裏有個極限，超過以後，痛也不會再痛呢？

　　這跟痛苦（suffering）不一樣。痛苦出現時，是作為經驗、情緒、記憶出現的，通常處理最多的是失去，比如我們爸媽的死、親愛的人的死，甚至是寵物的死，我們都會覺得這是一種失去。這個失去、不開心和痛苦是不能補救所致的痛苦（irredeemable），比如我們不能再生一個小孩代替那個死去的孩子。這個失去是不能重來、不能替代的。但是肉體的痛可以被替代。我們為了避免痛，可以不去布達拉宮，可以不做這些，而注意那些。所以痛苦意識（conscious of suffering）才成為哲學的大問題。例如，宗教或叔本華說人生本是痛苦（suffering），這

個痛苦是相對於我們永遠不能滿足的欲望而說的。這個痛苦說明我們不能控制生命。痛苦是人帶出來的。我們做的事不能圓滿、對方已經死去、我們永遠對不起他。痛苦，因為這個失去是不能回頭的。我們不一定親身經驗，透過我們媽媽和兒子的死、大屠殺事件等，就恣能有這樣的感覺，這是甚麼？這是人的感覺。在個人層面上，我們每天都累加的無力。

希：那麼食藥抑壓是不是就等於接受痛楚呢？不理會這個痛楚，然後繼續自己想做的事，這會不會變成一種執着？怎樣才算接受？

張：你說得對，現在發明了很多藥。「就是這樣呀，我就是痛，但我仍然做下去」，這是很多斯多葛派的立場。忍痛的能力其實每個人都不一樣。我很能忍痛的，比如打針，我自小就不怕，甚至覺得很有趣。先前說我弄傷了腳裸，住醫院又開刀。這經驗都很有趣。那次經驗，以人生階段而言，我改變了很多。那時我中三升中四，在伊利莎伯中學唸書，住進伊利莎伯醫院，在那裏有很多護士是伊利莎伯舊生。我在學校算是很活躍的人，晚上有很多師姐前來探望我，她們還讓我住在兩側病房中，而不是大房，我也不知道他們為甚麼那麼招待我。那時是暑假的第一天，同學們的暑假活動就是來探望我，但每次其實只可以讓兩個人進來，病房卻來了十個人。重要的是，第一晚，我快

要睡覺時，發現鄰房有個人整晚都在喊痛，另一個則沒有作聲。我上洗手間時看到常常喊痛的那個人，我就問護士他的情況。原來他一出生就躺在床上，每天都在痛，痛到沒有人知道是真痛還是假痛，沒有人理會他。我旁邊那個呢，他患了玻璃骨症，很嚴重，已經塌下來，護士說那個慘了，他不會再出去。這次經驗是其中一個使我唸哲學的關鍵。

　　我跌跛了腳，當時我第一個想到的是「糟，我不能跳民族舞了」。在那之前我跟同學參加民族舞學會，與同學拿到校際比賽冠軍，但當我看到病房那兩人，我就覺得跳不到舞完全是沒有意義的。他們兩個整生都在痛苦之中，我就問這種生命是甚麼意思呢？當然，後來還有其他事件，但這是我第一次面對存在的問題，思考痛苦是甚麼，這才帶來之後的經驗。因此，即使這已是數十年前的事，它還是很難忘。那時打了石膏，用拐杖用了半年，石膏還簽了很多名字，現在連醫院都不用石膏，痛楚也過去了。這些痛楚在某個意義下還具有吸引力，它讓人服務我，讓人哄我，全因為我受傷了。但是，我知道我會痊癒的，這些痛不是痛苦。但那兩個在病房裏的人，他們是痛苦的（suffering）。肉體的痛楚讓他們整個生命脫離關連（irrelevant），沒有前路使他們更加痛苦。

　　現在你知道，痛楚是過度性的。而肚餓卻是痛苦的，尤其當

我們很餓很餓的時候。不過，我們知道吃口東西，喝口水，痛苦就會消失。痛苦的第一要點是我們的欲望（desire）沒有得到回應。第二點是被屈曲的痛苦（inflected pain），即割我們一刀是跟欲望帶來的痛苦不同的。欲望帶來的痛苦可以透過一些方式滿足它、理解它、消除它，這當然是伊壁鳩魯（Epicurus）所說的痛苦。但多數人的痛苦是虛假的，即是說多數人不了解那個痛苦相對的欲望。當真正了解甚麼是欲望的時候，才知道甚麼是真正的快樂和真正的痛苦。真正的快樂，不是來自滿足欲望，即最本能的欲望不是多餘的。欲望不是指我要穿漂亮的衣服，我要奢華、名聲、名譽，而是說麵包和水是最好的。肚餓的痛苦透過最簡單的東西而得到滿足。當我們的欲望降到最低的時候，我們就沒有痛苦，我們的快樂（pleasure）亦是最低的。伊壁鳩魯認為大部分的痛苦都是不需要的、非理性的（irrational），是來自我們過多且過分的欲望和要求。他說不合理的要求是非自然的（unnatural），比如名譽、金錢，甚至愛情，亦可能根本不需要。吃東西，為甚麼要吃好吃的東西呢？這是不需要的，是我們額外加上去的。別人買到名牌，我卻沒有，我覺得痛苦，這根本無關係（irrelevant）。這不是必須的東西，是額外加上的欲望。現在有很多美容、消費帶來的痛苦，我們因為買不到而不開心。

　　這跟我們剛才說的痛苦是不同的，不過當挫敗愈加積累，這

種求不得也可以變成痛苦（suffering）。為甚麼我要如此呢？我不及別人美，買不到那個東西，使我比別人更低等，這就是痛苦的一種，但不同於前說的痛楚。痛苦（suffering）是進一步、另一個層次的。

在於年老，我們除了獲得自由，該怎樣應付失去呢？我們會認為自己無能，時間的不足、肉體的退化、記憶力的衰退，以及生命限制的來臨，使我們感到無能。死亡是不能逃避的，它正在逼近（impending）。人生七十古來稀，我們認為 50 歲以下是不應該死的，那是夭折，是悲哀的。但老年人的死亡不但不可避免，而且是受歡迎的，我們會認為那是應該的。為甚麼是應該呢？海德格說的是人的限制，「此在」的分析（Daseinanalysis）整個就是對於有限存在的分析（finitude analysis）。人不能超越的部分、人的存在結構（existential constitution）使我們如此過活。死亡，永遠是我們此在（Dasein）一個最終極的問題。所以說，到了第三年齡層，更加急切的問題就是思考自我問題、我的生命、價值的問題。欣賞生命，只是其中一個方式。關於整個生命的意義和價值，在第三年齡層死亡打開了一個大方向，這是需要討論和理解的。面臨正在到來的終極，它到底指示甚麼呢？

有些人會說如果我們信仰基督就不用談終極，但其實不然，在我們渴望永生時，我們反而更加需要談甚麼是生命的意義？

是不是真如我們所希望將得到永生，不用死亡呢？永生，是真正的獎賞抑或是懲罰呢？永生，這種答應是怎樣使我們的人生有價值呢？這當然開放了很多問題。如果生命沒有價值呢？我們最後便談到怎樣當一個本我（authentic）的人。這就是海德格帶出來的本我（authenticity）。這不是要求成為特定類型的人，或進行特定活動，而僅是在這裏面怎樣真真正正面對自己，在歷史性中，你怎樣肯定自己的位置、生命意義和價值，肯定自己作為自己呢？這些問題大部分人都不會問。痛苦、痛楚、年老、死亡的逼近，這些都是海德格的第二部分（Part 2）的本我（authenticity）帶出更加急切的問題。就算沒有經歷死亡，年老和痛苦都帶出了這些問題。所以，我們需要再探討痛苦現象學（phenomenology of suffering）和海德格的存在論現象學（existential phenomenology），從而思考如何面對這個終極問題，帶出我的本我（authentic self）的意義。

現在有四分一的人口在 60 歲以上，他們是怎樣生活的呢？是不是他們老來就不用打工呢？如果有看過在屋邨公園的老人們，沒有入住老人院那班。每日都是「三等公民」，等食飯，等睡覺，最後等死亡。這是為甚麼呢？你看我們偉大聰明的高錕教授，他現在晚年的情況。一個曾經是世上最頂尖的人，現在變成小朋友一樣，連上廁所都不懂，吃飯也不會吃。怎麼辦，

見到這樣的人怎麼辦？最痛苦不是他，而是他的夫人。我將來都可能變成如此，對不對？今天我就陪勞師母看老年科醫生，勞思光先生死後，她常重覆做一些動作，常常擔心別人偷她的東西、搶她的東西。老年可以是這樣，非常悽慘。這些人都是真實的，不只是談談而已。再過十年二十年後，我又會怎樣呢？這是具逼切性的問題。我有很多朋友不敢向前望，逃避問題。我們中學同學每年都會見面，吃喝玩樂，也上遊輪玩。但我一次都沒有去遊輪玩。我這樣說可能很苛刻，但是，我覺得那是浪費生命的。我覺得 ageing（年老），也是 living（活着）。Ageing、living、dying（年老、活着、死亡），事實上是同一個過程的不同理解方向。所以我說，ageing 也是 living 也是 dying，ageing 是 living，ageing 同時是 dying（年老同時是活着，年老同時是死亡）。

這就有趣了，死亡和年老（dying and ageing）似乎是下降的，但同時，生命有個有趣的給予（given），就是生命只有一次。人人都懂，沒有第二次，即是我的生命是獨特（unique）的。不能說你的生命是我的。「我」是有趣的說法，只有我先能理解我，沒有第二個人能理解「我」這個概念。「我」不是一件東西。而當你說「我」的時候，不是我的，而是你的「我」，這前後兩個是不同的「我」。「我」，是當我們明白和感覺到自己的身份（identity）和主體性（subjectivity）才能說出來的。小朋友年

幼時用自己的名字來稱呼自己，大概到一兩歲才開始出現「我」的概念。這個身份（identity）裏的個體（individual）概念是最重要的，即是我們既跟其他人分割開來，但同時又與其他人在一起的。我們都是人，而最大的不同就是這個「我」是不能被代替。就算是複製人，也不會是我，即使能複製所有東西，但也不能複製身份。這個身份，正正顯示在我的活着、年老、死亡（living、ageing、dying）裏，是我的活着（my living）。這就是我們最後的課題──怎樣可以給予我的活着正面（positive）或反面（negative）的意義。這個給予意義的過程（meaning given）在現象學裏常常提到的，人最重要就是能夠給予意義。

現象學的重要性就是將我們這種活動的參數（parameter）說出來。我們正正不說它是甚麼（what），即不會說「甚麼應該是最好」。因此，現象學會常常重組問題。「甚麼是最好的生活呢」，海德格便會說沒有這樣的東西。我們很難說一位孝順父母的人好，還是拋妻棄子而投身革命的人好。我們也很難說一位專門賺錢做生意的人就一定是比無國界醫生差勁。我們沒有客觀能說某一個類型的人生比另一類的更好，即是說我們沒法從外面說哪一種生活比較好。沒有一種生活是指定的類型的。儒家、墨家、道家、猶太教、基督教，他們都告訴我們如何做人才是對的。但所謂對的做人方法，可以所有都對，所有都錯，因為沒

有絕對的做人的標準。沒有人能說基督徒一定比佛教徒好，也不能說佛教徒一定比儒者好，我們也不能說莊子一定比孟子差。因此，終極的問題⋯⋯有時是很殘忍的，就是說你要做選擇。

做選擇是甚麼呢？做選擇，是海德格常說的決斷（Entschiedenheit）。大部分人都不願意做的，人人都怕自己的本我，所以我們回到眾人（das Man）裏，所有人叫我做就做。你叫我去建制派就去。香港現在都被所謂正反合的傳媒控制的。海德格所批評的現代世界，可以從很多人開始說起，如齊克果。現代世界、集體世界，有很多東西都是虛假，是虛妄世界。

最後的階段可以長可以短，即是說年老可以是七十年、三十年、十年、一年。但問題是，我們在第二年齡層過去時，怎樣理解那個工作階段？當然，在這第二階段裏，我們已經有一定可能的成就，但大部分人都沒有。即使已到第三年齡層，這些人仍覺得還未到，永遠都在第二年齡層裏，尋求一些他們未得到的結果，比如成功。雖然這問題與生理有關連（這裏指進入老年時生命內在的力量慢慢地衰退，例如我不能夠再跳高殺羽毛球），但他們不明白這三個年齡層不是描述一個人在社會的運作狀態。

很少人會談論老年，但很多人會說快樂和痛苦（pleasure, suffering），或者趨吉避凶，快樂其實亦暗示了痛苦。痛苦是避不到的，它宣佈肉體是真實的存在，我們能夠感受到痛苦和快

樂，顯示我們生命的存在。痛苦快樂是根本性的。痛苦是反思性的（reflexive），是我們對於經驗的情緒反應（emotion），但是痛苦一定是在人與人之間出現（interpersonal），在人的關係之中才出現。痛楚可以過去，但痛苦可以永遠都存在。

希：很大的欲望可能可以滿足痛楚。那麼如果我們很敏銳（sensitive），敏銳於別人的痛楚或任何東西，或者透過藝術培養使我很敏銳，這樣是不是某程度上我會比其他人更痛苦呢？

張：首先，佛家的八苦說得很清楚，生老病死，愛別離，怨憎會，這些是日常生活的苦。但剛才你說的是另一種，即痛苦（suffering）。透過同理心，我們見到的不再是自己，我們能夠見到別人受苦。例如，巴西輸了球賽，有同學會哭，但為甚麼會哭呢？你較敏銳，看到他人痛苦你就痛苦。又如德蘭修女看到有人在日常生活中被人壓榨、受苦，產生同理心（empathy），這就是同情心的起源（origin of sympathy）。這當然可以被培養出來，但你會反問怎可能容忍有人享受別人的痛苦？這正正相反，有人享受痛苦的。

如果所有人都逃避痛苦，沒有人會享受小丑的。小丑自己打自己，明明做一些行為使自己痛苦，但我們會笑的。這是德國的概念，"Schadenfreude"，即幸災樂禍，我們見到別人慘況，我們會開心的。虐待狂（Sadism）亦是這樣出現。為甚麼會有人喜

歡看人打人呢？為甚麼羅馬人，那麼高文明的民族，卻興建那麼多鬥獸場？鬥獸場不是鬥獸，而是以殺人為樂。所以人的痛苦不一定必然使人痛苦，可以使人開心的。為甚麼拳擊會成為運動？為甚麼你打我我打你的時候，你會覺得刺激呢？就是人在享受，打得愈出去就愈過癮。這也是我們的吊詭（paradox）地方。所以你說感受他人的痛苦，但這裏是因他人的痛苦而開心。

　　痛是很個人的，如人飲水，冷暖自知。咖啡的味道我很難形容給你知，除非你飲一飲，但飲了也不知道是不是我所嚐到的味道。所以這裏是懷疑論的（skeptical），我不知道你的痛苦是真是假。一個人哭不一定是痛苦的，否則，演員每次哭都是痛苦嗎？每次演哈姆雷特（Hamlet）的悲慘人生的演員，每次被人打死，下一場又會重生，他會死嗎？不會的，他是讓你以同理心去感受。但同時，從人會享受痛苦這些反例，可見我們有可能出錯的。可能你會說這樣很蠢，怎可能有人享受看人被斬頭？但是當集體一同觀看時，人就喜歡看呢。在法國大革命時，為甚麼那麼多人喜歡看斷頭臺呢？為甚麼以前有那麼多中國人看午門抄斬呢？魯迅就說過這樣的故事。

　　現代世紀則將我們的痛苦移離日常生活。癌症病院並不是我們平常能看到的，病房也不是我們常會去的地方。死亡已被隔離。老人院亦如是。傅柯（Foucault）說現代社會將我們邊緣化

（marginalize），這個世界永遠是青春的、開心的，這當然是資本主義社會塑造出來的情況──我們不談死亡，每個人都要求美化，所以我們看到的是對青春的肯定，對永遠不變的東西的追求。

後記

　　傳統哲學多是環繞人之「思維」與「存在」的基本問題作討論，很自然地將反思焦點放於「自身意識」的問題裏去，其中通常指涉笛卡兒以來備受關注的「主體」與及「交互主體性」等問題；也對反思方法本身作出了考察。[1] 至今以存在論為題的哲學已然有所轉向，關涉探討「生死」問題之餘，也闡釋存在的意義。廣而言之，生與死的問題不能不是哲學所處理的根本問題；反過來說，哲學之為哲學，必關注人之生死這人生課題，否則就是無力的哲學了。

　　從哲學的層面去反思，人之生和死，皆不以為僅是生理現象而已。在哲學的探討中，生死既涉及精神層面、文化層面，也關連於肉身與靈魂的問題、我與他人的關係、個人與群眾的面向、存在與虛無的解說、意義與價值的課題等。可想而知，我們不

1　參倪梁康先生所寫的《西方哲學一百年：人類自身認識方式的變遷》，收錄入《自識與反思：近現代西方哲學的基本問題》（北京：商務印書館，2006），頁 687-697。

能欠缺了對死的思考，否則我們對生也沒可能深入了悟之。

　　透過悟死，我們未必一定得着任何真理，但總會了悟一點：人生為人，自必會死，這是人生於世必然面對的真相；如此的真相透過哲學的洗刷，自會相繼得着真相中最為真實之面向了。

　　我在香港中文大學任教時期，「死亡哲學」是經常開設的課程。我 2012 年退休前最後一次「死亡哲學」上課時的錄音，由當時我的助理黃頌文同學筆錄成文章，然後由我再修訂而成此書文稿。其中黃同學亦有提供自己的意見，在本書第四部分有關薩特和德里達兩章，參與撰寫和協助翻譯了薩特和德里達的法語原文，在此我深表謝意。當然，本書一切論點，仍是我負全責。

　　附錄幾篇文章是多年來在不同場合談論過，但未有正式發表。最後一篇訪問刊在《希哲·哲學雜誌》。感謝雜誌容許在此書重刊。

　　最後我需要感謝中華書局黎耀強先生的鼓勵與支持，令此書得以出版。

參考文獻

中文參考書目

吳承恩：《西遊記》（香港：商務印書館，1961）

牟宗三：《中國哲學十九講：中國哲學之簡述及其所涵蘊之問題》（臺北：
　　　學生書局，1983）

卿希泰主編《中國道教史》（成都：四川人民出版社，1988）

蕭登福：《漢魏六朝佛道兩教之天堂地獄說》（臺灣：學生書局，1989）

李養正：《道教概說》（北京：中華書局，1989）

余源培、夏耕：《一個「孤獨」者對自由的探索：薩特的〈存在與虛無〉》
　　　（昆明：雲南人民出版社，1989）

胡道靜、陳蓮笙、陳耀庭選輯《道藏要籍選刊》（上海：上海古籍出版社，
　　　1989）

項退結：《海德格》（臺北：東大圖書公司，1989）

吳汝鈞編《佛教思想大辭典》（臺北：臺灣商務印書館，1992）

傅佩榮：《自我的意義：齊克果・馬塞爾・海德格・卡繆》（臺北：洪
　　　健全基金會，1995）

李杰：《荒謬人格——薩特》（武漢：長江文藝出版社，1996）

劉笑敢：《老子》（臺北：東大圖書公司，1997）

馬書田：《中國冥界諸神》（北京：團結出版社，1998)

歐崇敬：《世界的圖像與構造：邁向存有學的最終理論》（臺北：新視野文化出版，2000)

鄭曉江：《中國死亡智慧》（臺北：東大圖書股份有限公司，2001)

馬昌儀：《古本山海經圖說》（濟南：山東畫報出版社，2001)

黃晨淳：《希臘羅馬神話故事》（臺中：好讀出版，2001)

蔡彥仁：《天啟與救贖：西洋上古的末世思想》（臺北：立緒文化，2001)

勞思光：《文化哲學講演錄》（香港：中文大學出版社，2002)

文韜：《希臘悲歌：特洛伊之戰》（北京：中國書籍出版社，2004)

張祥龍：《海德格：二十世紀最原創的思想家》（臺北：康德出版，2004)

唐君毅：《人生三書》（北京：中國社會科學出版社，2005）

黃慧英：《儒家倫理：體與用》（上海：三聯書店，2005)

劉海鷗：《從傳統到啟蒙：中國傳統家庭倫理的近代嬗變》（北京：中國社會科學出版社，2005)

許倬雲：《萬古江河：中國歷史文化的轉折與開展》（香港：中華書局，
　　2006）

陸揚：《死亡美學》（北京：北京大學出版社，2006）

段德智：《西方死亡哲學》（北京：北京大學出版社，2006）

章雪富：《斯多亞主義(I)》（北京：中國社會科學出版社，2007）

梁德華、吳真、陳凱風：《道‧醮：漫天舞動的道教崇拜》（香港：香
　　港道教聯合會，2007）

范恩君：《道教神仙》（北京：宗教文化出版社，2007）

陳鼓應：《莊子今注今譯》（北京：中華書局，2008）

梁鳳縈：《殯儀》（香港：嘉出版，2008）

王世宗：《歷史與圖像：文明發展軌跡的尋思》（臺北：三民書局，
　　2009）

傅偉勳：《死亡的尊嚴與生命的尊嚴：從臨終精神醫學到現代生死學》（臺
　　北：正中書局，2010）

荷馬著，E. V. Rieu 英譯，曹鴻昭中譯《伊利亞圍城記》（臺北：聯經出
　　版事業股份有限公司，1985）

海德格著，陳嘉映、王慶節譯《存在與時間》（北京：生活‧讀書‧新
　　知三聯書店，1987）

皮特‧戈曼著，石定樂譯《智慧之神：畢達哥拉斯傳》（長沙：湖南文
　　藝出版社，1993）

亞里士多德著，苗力田譯《尼各馬科倫理學》（北京：中國人民大學出版
　　社，1992）

維特根斯坦著，郭英譯《邏輯哲學論》（北京：商務印書館，1995）

高橋哲哉著，王欣譯《德里達：解構》（石家莊：河北教育出版社，
　　2001）

但丁著，黃國彬譯《神曲》（臺北：九歌出版社，2003），

但丁：《神曲的故事》（陝西：陝西師範大學出版社，2003）

羅素著，何兆武、李約瑟譯《西方哲學史》（北京：商務印書館，2003）

杜小真、張寧編譯《德里達中國講演錄》（北京：中央編譯出版社，2003）

伊壁鳩魯著，包利民等譯《自然與快樂：伊壁鳩魯的哲學》（北京：中國社會科學院出版社，2004）

馬丁・海德格爾著，孫周興譯《形式顯示的現象學：海德格爾早期弗萊堡文選》（上海：同濟大學出版社，2004）

傅柯著，林志明譯《古典時代瘋狂史》（北京：三聯書店，2005）

愛德華・策勒爾著，翁紹軍譯《古希臘哲學史綱》（臺北：康德出版，2007）

帕斯卡爾著，何兆武譯《帕斯卡爾思想錄》（天津：天津人民出版社，2007）

愛比克泰德著，王文華譯《愛比克泰德論說集》（北京：商務印書館，2009）

林思・德斯佩爾德、艾伯特・斯特里克蘭著，夏侯炳、陳瑾譯（北京：中國人民大學出版社，2009）

奧勒留著，梁實秋譯《沉思錄》（北京：中國華僑出版社，2012）

薩特著，陳宣良等譯《存在與虛無》（北京：三聯書店，2012）

尼采著，孫周興譯《查拉圖斯特拉如是說》（上海人民出版社，2016）

萊維納斯著，朱剛譯《整體與無限》（北京：北京大學出版社，2016）

齊克果著，趙翔譯《恐懼與戰栗》（北京：華夏出版社，2017）

《地獄遊記》，作者及出版地不詳。

《天堂遊記》，作者及出版地不詳。

外文參考書目

Aldwinckle, Russell. 1972. *Death in the secular City: A Study of the Notion of Life after Death in Contemporary Theology and Philosophy.* (London: George Allen & Unwiv Ltd.)

Ashton John and Tom Whyte. 2001. *The Quest for Paradise: Visions of Heaven and Eternity in the World's Myths and Religions.* (New York: Harper SanFrancisco.)

Barr, James. 1993. *The Garden of Eden and the Hope of Immortality.* (Minneapolis: Fortress Press.)

Bataille, Georges. 1989. *The Tears of Eros.* (San Francisco: City Lights Books.)

Beagle, Peter S. 1982. *The Garden of Earthly Delights.* (New York: The Viking Press.)

Bernstein, Alan E. 1993. *The Formation of Hell: Death and Retribution in the Ancient and Early Christian Worlds.* (Ithaca & London: Cornell University Press.)

Camporesi, Piero. 1990. *The Fear of Hell: Images of damnation and Salvation in Early Modern Europe.* (University Park, PA : Pennsylvania State University Press.)

Cavendish, Richard. 1977. *Visions of Heaven and Hell.* (New York: Harmony Books.)

Derrida, J. *The Gift of Death (second edition) & Literature in Secret .* Trans. David Wills. (Chicago & London: The University of Chicago Press,2008)

Derrida, J. *Writing and Difference .* Trans. Alan Bass (London; New York: Routledge, 2006),

Donnelly, Neal. 1990. *A Journey Through Chinese Hell: "Hell Scrolls" of Taiwan.* (Taipei: Artist Publishing Co.)